풀뿌리 언론과
푸른 자치나무
(自治)

지방분권 강화에 대비한 지역언론 키우기

당신의 꿈과 용기를 응원합니다

_____ 님께

_____ 드림

풀뿌리 언론과
푸른 자치나무
(自治)

지방분권 강화에 대비한 지역언론 키우기

최 영 철 지음

청어

풀뿌리 언론과 푸른 자치나무

최영철 지방신문 칼럼집

발행처 · 도서출판 **청어**
발행인 · 이영철
영 업 · 이동호
홍 보 · 이수빈
기 획 · 천성래
편 집 · 방세화
디자인 · 김희주
제작부장 · 공병한
인 쇄 · 두리터

등 록 · 1999년 5월 3일
(제321-3210000251001999000063호)

1판 1쇄 인쇄 · 2018년 6월 10일
1판 1쇄 발행 · 2018년 6월 20일

주소 · 서울특별시 서초구 효령로55길 45-8
대표전화 · 586-0477
팩시밀리 · 586-0478

홈페이지 · www.chungeobook.com
E-mail · ppi20@hanmail.net
ISBN · 979-11-5860-551-3 (03330)

이 도서의 국립중앙도서관 출판시도서목록(CIP)은 서지정보유통지원시스템 홈페이지
(http://seoji.nl.go.kr)와 국가자료공동목록시스템(http://www.nl.go.kr/kolisnet)에서
이용하실 수 있습니다.(CIP제어번호: CIP2018015030)

풀뿌리 언론과 푸른 자치나무

(自治)

지방분권 강화에 대비한 지역언론 키우기

세상을 보는 창을 맑고 깨끗하게

'신문의 사설이 영혼이라면 칼럼은 개성(personality)이다'라는 말이 떠오른다. 신문사의 공식 의견인 사설과는 달리, 칼럼은 칼럼니스트가 보는 세상에 대한 '창'이다. 그만큼 자유로운 견지에서 어떤 이슈에 대하여 참신하고 솔직한 의견을 피력할 수 있다. 매콤한 맛에 재미를 곁들인 칼럼들이 늘어나 이를 읽는 독자 수도 늘고 있는 추세다. 시인 김현승은 그의 명시 「창」에서 '창을 맑고 깨끗이 지킴으로 눈들을 착하게 뜨는 버릇을 기르고, 맑은 눈은 우리들 내일을 기다리는 빛나는 마음'이라고 노래했다. 좋은 칼럼을 통하여 독자들이 착한 안목을 가지고 세상을 바라볼 수 있음을 시사하고 있다.

칼럼을 쓸 때면 나는 먼저 나의 창을 맑고 깨끗이 지키려고 노력한다. 글의 형식과 내용을 지배하는 관점을 새롭고 명료하게 하는 일이 무엇보다 중요하다. 창을 닦는 시간은 또 노래도 부를 수 있는 시간이기에 이내 글에 적합한 창의적 관점이 발견되기도 한다. 유의할 점은 생기 없고 진부한 내용으로 당위적 어조를 남발하는 유형의 칼럼은 지양되어야 한다는 점이다. 사실을 모으고 의견을 널리 구하며 관련 자료를 검색하고 현장을 읽어내는 노력을 기울임으로써 오류 가능성을 상당 부분 방지할 수 있을 것이다.

본 칼럼은 지역신문의 글이라 그 내용이 지역 주민생활과 밀접한 생활 공감의 글이 주종을 이루고 있다. 그중 하나는 지역 언론과 지방자치의 발전에 관한 논의이고, 또 다른 하나는 시민의 삶의 질을 담보하는 건강가정 실천에 관한 것이다. 근자 자치분권을 강화하기 위한 헌법개정이 시대적 과제인양 논란이 되고 있지만 필요조건과 충분조건을 잘 헤아려 시행착오를 최대한 줄이는 노력이 절실하다고 본다.

현재 지방자치의 현실은 자치분권의 강화를 감당할 수 있는 여건이 성숙되어 있지 못하다. 주민의 알 권리를 충족시키고 여론형성과 의제설정을 주도할 풀뿌리 지방언론의 시민적 기반이 매우 취약한 데다 지방 거버넌스 운영의 미흡, 자치당국을 감시할 수 있는 모니터링 제도의 부실 등을 간과해서는 안 될 일이다. 지방자치는 건강한 풀뿌리인 지방언론과 함께 성장하는 나무와 같다. '지역언론이 살아야 지역이 산다'는 격언의 취지를 곱씹을 필요가 있다.

한편 지역경제의 어려움과 마을공동체 형성의 부진은 건강가정의 가치를 훼손할 우려가 크다. 주민복지의 원천인 건강가정 실천을 지원하는 일은 자치행정의 기본 임무가 아닐 수 없다. 필자는 '건강한 가정이 건강한 사회를 만든다'는 격언의 정신을 칼럼에 실어 소중한 가정의 가치와 공동체정신을 환기하고자 노력했다.

10여 년에 걸쳐 매월 1회 이상 칼럼을 쓰다 보니 책 한두 권의 분량이 모아졌다. 글의 논조로 보아 필자의 글을 좋아하는 독자도, 좋아하지 않는 독자도 있을 것이다. 먼저 글을 읽어주신 독자에게 감사를 드린다. 또 선의의 질책에 대해서는 이를 겸허히 수용하고자 한다.

끝으로 부족한 칼럼을 게재해 준 시흥자치신문 김부자 발행인, 격려와 조언을 아끼지 않은 김규성 독자편집위원장, 언론자치시민위원회 이만균, 이지선 칼럼위원께도 심심한 사의를 표한다. 책의 출판을 흔쾌히 맡아주신 청어출판사의 이영철 사장, 방세화 편집장에게도 감사를 드린다. 그리고 글의 작성과정에서 정성 어린 코멘트를 해준 아내와 아들 내외, 딸 내외에게도 고맙다는 말을 전하고 싶다.

2018년 5월

시흥 장곡동 상락재에서

동암(冬菴) 최영철(崔永哲)

차례

제1부

지방언론과
자치발전

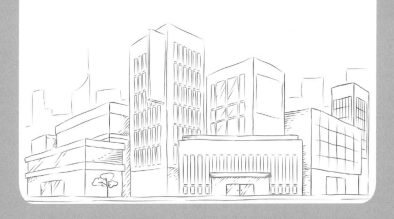

지역언론과 NGO의 역할 매우 크다

언제부터인가 한국은 산업화와 민주화를 성공적으로 일궈낸 모범국가로 인정되어 왔다. 새로 들어선 이명박 정부도 이를 토대로 한 차원 높은 선진 일류국가의 건설을 국가비전으로 제시하고 있다. 시대적 큰 틀에서 보면 이 논지에 이의를 달 사람은 별로 없을 것이다.

그러나 그 큰 틀의 한 축인 민주화의 관점에서 들여다보면 한국이 과연 민주화의 모범국이란 찬사에 고무되어도 좋은지 의구심이 들기도 한다. 이번 총선만 하더라도 당원에 의한 후보선출 기회가 봉쇄되고 후보자의 정책과 공약이 실종되고 있는 점 등은 민주화의 답보를 의미한다고 볼 수 있다.

민주화의 척도는 흔히 정권교체의 가능성. 인권상황. 지방자치의 실시여부를 든다. 앞의 두 가지 기준에 따르면, 한국은 누구도 부인할 수 없는 민주주의의 금자탑을 세웠다고 할 수 있다. 이번 대선에서도 국민의 선택에 따라 정권이 교체되는 역동적인 정치이벤트를 목격한 바 있다. 또한 현직 대통령을 비판한다고 해서 재갈이 물리거나 신체의 자유를 제한받는 일도 없다. 이 점은 분명 자유민주주의 문화가 우리 국민에게 선사하는 축복된 삶이다.

하지만 지방자치 측면에 있어서는 결코 후한 점수를 줄 수 없는 것이 솔직한 심정이다. 지방자치의 발전을 가로막고 있는 장애요인들이 적지 않기 때문이다. 분권을 지향하는 지방자치제는 이미 주민소환제까지 보장된 마당이니만큼 제도상으로는 어느 정도 구색을 갖추었다고 볼 수 있다. 문제는 주민 자치역량의 태부족이다. 여기에는 동양의 오랜 중앙집권적 정치문화와 수직적 사고방식이 깊이 박혀 있다. 우리 자신의 행태를 성찰해보면 쉽게 알 일이다.

지금 우리는 얼마나 주인의식을 가지고 시정에 참여하고 있는가. 4년마다 치러지는 지방선거 또는 총선거에 얼마나 관심이 있는가. 시민으로서의 자부심과 애향심은 어떠한가. 아마도 언제든 미련 없이 다른 고장으로 떠날 준비가 되어 있는 도시의 방랑자가 바로 우리 자신이 아닐까. 우리의 자치 능력의 현주소가 이렇다면 지방자치가 잘 되기를 기대하는 것은 연목구어일 뿐이다.

오늘날의 지방자치는 지방정부를 포함하여 기업, 시민단체(NGO) 등이 서로 협력체제를 이루어 시정을 함께 끌어나가는 연장된 자치개념으로 발전하고 있다. 이런 맥락에서 지역언론과 지방 NGO의 역할은 증대하고 있다. 얼핏 보면 시정부가 '시민참여, 열린 시정' 구호처럼 주민의 자치활동에 적극적인 관여를 하는 듯이 보인다. 그러나 실제는 그렇지 못하다. 우리 시가 위탁운영하고 있는 시흥시민자치대학의 커리큘럼을 보더라도 자치를 주제로 다룬 강좌가 거의 없다는 사실이 이를 반증한다. 오히려 자치정부와 일정한 거리를 두고 비판과 감시기능을 수행하는 지역언론 그리고 NGO가 역할관계상 비교우위에 있다. 특히 주민의 알권리를 충족시켜주는 지역언론의 존재는 지방자치의 필요불가결한 조건이다.

그런데 작금의 지역언론이 처한 현실은 어떠한가. 지방지라고 일컫는 지역신문의 경우 선진국과는 판이하게 발행부수 면에 있어서 아주 저조한 실적을 면치 못하고 있다.

2000년 한국언론재단에서 조사한 지방지점유율을 보면 한국이 8.4%에 불과하다. 지역주민 100명 중 92명이 중앙지를 구독하고 8명만이 지방지를 보고 있다는 이야기이다. 영국의 지방지점유율 66.6%, 일본의 38.5%와 비교하면 천양지차이다.

신문의 성격상 지역신문발전기금 외에 정부의 직접 지원은 생각조차 할 수 없는 일이다. 오로지 시민의 관심과 애정이 밑거름되어야만 지역언론은 성장할 수 있다.

20세기 후반에 대두된 NGO도 시민권익과 사회적 이슈의 생산에 상당한 힘을 발휘하고 있다. 무엇보다 도덕성을 바탕으로 필요한 의제를 설정하고 시민운동을 전개하는 대표적 기구로 자리 잡았다. 다만, 지역언론과 달리, 정부의 지원에 의존하는 NGO가 늘고 있어 그만큼 자율성이 제한받을 소지가 많다. 요컨대, 지역언론과 NGO는 시민의 관심과 사랑 속에 자라는 풀과 같다. 따라서 시민들이 기꺼이 필요한 물과 햇빛을 공급해 줄 때 지역사회의 믿음직한 공기로 성장할 수 있다. 지역언론과 NGO야말로 자치시민이 공들여 가꾸고 키워나가야 할 공동체의 소중한 자산인 것이다.

〈2008. 3. 28.〉

새해는 시민적 우정을 공유할 때

아직도 곳곳에 검측측한 잔설이 남아 그날의 폭설 광경을 떠올리게 한다. 경인년 새해 벽두 새벽부터 내린 기록적인 폭설이 시흥을 비롯한 전국 산야를 덮었다. 많은 도시들이 교통이 마비되는 혼란에 빠졌다. 이러한 상황에 가장 당혹해 한 기관은 아마도 지자체를 비롯한 방재당국이었을 것이다.

시흥시는 4일 새벽 2시에 비상 근무령을 내리고 제설장비를 긴급 투입하는 기민함을 보였다. 우선적으로 560톤에 달하는 염화칼슘을 도로 곳곳에 살포하고 굴삭기, 트랙터 등 민간장비를 가능한 한 모두 동원했다. 그러나 기온이 섭씨 영하 5도 이하로 떨어진데다 일시에 쏟아진 눈이 얼어붙어 처음부터 복구가 여의치 않았다.

평소 실시한 방재 훈련에도 불구하고 시당국은 재난대응 과정에서 다소 문제점을 드러냈다. 무엇보다 제설작업 대상지 선정의 전략적 우선순위가 모호했고, 이미 20센티미터 이상 쌓인 눈을 염화칼슘으로 처리하는 것이 무모한 조치인데도 대안 마련이 신속히 이뤄지지 않았다. 시정부의 빠른 조치를 요구하는 시민들의 의견이 쇄도했음은 물론이다.

미국 버팔로 시장의 눈 치우기

미국 뉴욕 주의 중소도시 버팔로는 눈이 많이 오기로 유명한 곳이다. 대개 10월부터 눈이 오기 시작하여 이듬해 4월까지 내린다고 한다. 연간 적설량이 무려 250센티미터를 넘는다. 눈을 잘 치우는 일이 이곳 주민들에게는 무엇보다 중요한 과제가 되다보니 시정부는 주요 도로의 제설작업에 총력을 기울인다. 버팔로 시의 시장선거는 재임 중 얼마나 눈을 잘 치웠는가에 따라 당락이 결정된다는 이야기까지 있다.

다른 도시의 예를 든 것은 우리 시흥시도 눈을 잘 치우자는 얘기를 하고자하는 것이 아니다. 눈이 그다지 많이 오지 않는 우리나라로서 그 일이 그렇게 중요하지 않을 수도 있다. 다만, 시민들이 느끼는 애로사항에 대해서 충분한 역량을 집중하는 버팔로 시의 '위민행정' 자세가 우수하다는 점을 지적하고 싶을 뿐이다. 버팔로 시민과 상인들도 자기 집과 가게 주변의 이면도로를 말끔히 치우는 것을 당연시 하고 있다. 눈을 치우지 않으면 왕래하는 행인들이 불편을 겪게 된다는 사실을 잘 알고 있고, 또 문제가 발생했을 때 그 책임을 면할 수 있기 때문이기도 하다.

시흥시민, 시민적 우정을 키워야

우리 시흥시민의 태도와 자세는 어떠한가. 시흥시 정부는 이번 재해 기간 중 '시흥시 건축물관리자의 제설 및 제빙 책임에 관한 조례'에 따라, '내 집 앞 눈은 내가 치우자'라는 구호 아래 건축물관리자인 시민들의 자발적인 동참을 호소했다. 하지만 시민들의 반응은 의외로 소극적이었다. '나 하나 안 치워도 별 문제 없겠지' 하는 무관심한 태도를 보였다. 치운 눈을 자기 집 앞에 버렸다는 이유로 이웃 간에 싸움이 나서 경찰조사를 받은 사람들도 있었다.

도시의 시민들은 대체로 잘 모르는 사람들끼리 지역을 중심으로 하나의 정치적 공동체를 이루며 살아간다. 그런데 무늬만 공동체일 뿐, 같은 아파트에 사는 이웃의 얼굴도, 이름도 모르고 지내며 또 마주 대할 일도 없는 것이 우리의 현실이다. 그러니 낯선 사람들 간에 어떻게 관계를 형성하며 교류를 해야 하는지 모르는 경우가 많다.

어떻게 마음을 내 다가갈 수 있을까. 아마도 이웃사촌이 될 수 있는 지름길은 먼저 인사하기가 될 것이다. 서양에서는 시민적 우정이란 말이 통용된다. 일찍이 그리스 철학자인 아리스토텔레스는 잘 모르는 사람들끼리도 우정이 필요함을 인정해 이를 '시민적 우정'이라고 명명했다. 민주사회에서 아는 사람들끼리의 우정도 중요하지만, 모르는 사람들 사이의 우정도 중요하다고 그는 보았다. 이제 한 해를 다시 시작하면서, 나 자신부터 시민적 우정을 얼마나 지니고 살았는지 반성해 볼 일이다. 그리고 시민적 우정의 기초인 관용과 신뢰와 정의의 미덕을 우리 각자의 마음에 심어 명랑한 공동체를 만들어 나가는 데 다 함께 노력하자.

〈2010. 1. 29.〉

좋은 지역언론은 지방자치의 학교

지방자치제를 본격 시행한지도 어언 15년이 흘렀다. 풀뿌리민주주의라고도 일컫는 지방자치는 민주국가에서는 있어도 그만, 없어도 그만인 풀잎 같은 존재가 아니라 없어서는 안 될 풀뿌리라고 널리 인식되고 있다.

도도한 민주화의 물결을 타고 출범한 대한민국 지방자치제는 이후 크고 작은 풍랑과 시행착오를 겪으면서 성장했다. 특정지역의 조건에 맞는 특성화된 도시건설이 제도적 분권에 의해 가능해졌다. 중앙집권 시기엔 상상하기 힘든 광경이 아닐 수 없다. 그러나 분권화와 달리, 주민자치의 측면은 기대이하의 실태를 보여주고 있다.

주민이 주민자치에 서투른 이유

주민자치는 현재 살고 있는 장소의 공동체적 삶을 위해 주민 스스로

20

정책 결정에 참여하는 정치과정을 말한다. 자치의 영역은 시민들의 활동공간이니 만큼 직접민주주의의 요소가 강하게 자리 잡고 있다. 연전에 있었던 단체장 주민소환운동이 단적인 예이다.

주민자치는 의사결정을 하는 시민의 의식과 행태에 관한 문제이므로 부단한 시민교육과 자치훈련이 필요한 부분이기도 하다. 아무런 애향심이나 정주의식 없이 잠깐 살다가 미련 없이 떠날 사람이라면 애당초 자치의식을 기대할 수 없다.

시흥시민으로서의 긍지와 자부심이 관건이다. 자치의식 함양을 위한 교육훈련은 우선 시민 자신의 책임과 의무라는 점을 인식해야 한다. 지방 거버넌스 체계에서 시민을 제외한 어느 주체도 시민의 자치역량 제고에 별 관심을 두지 않는다. 비근한 예로 우리시가 운영하는 시민자치대학의 강좌과목을 보아도 쉽게 알 수 있는 일이다. 자치대학이라는 명칭에 걸맞게 자치역량을 키우는 커리큘럼이 과연 있었는가.

한편 지역언론은 시민의 눈과 귀로서 친절한 멘토의 구실을 하기에 손색이 없다. 우리가 살고 있는 지역에서 무슨 일이 일어나고 있는지 문제는 무엇이고, 또 해법과 대안은 어떤 것이 있는지 지역언론을 통해서 정보를 얻는다.

좋은 지역신문은 시민의 알 권리를 충족시키기 위해 공정한 사실보도와 논평, 이에 근거한 의제설정과 대안 제시에 혼신의 노력을 기울인다. 또한, 지역언론이 바로서야 지역이 산다는 사명감을 가지고 시민의 편에 서서 계도자와 조언자의 역할을 수행한다.

자치분권 시대를 앞두고 지역언론은 중립적이고 공명정대한 책임언론으로서 권력유착을 경계하며 시정전반에 대해 시시비비를 엄정히 가리는 언론의 책임은 실로 막중하다. 지방자치는 민주주의의 학교라는 말처럼 좋은 지역언론은 지방자치의 학교라고 말할 수 있지 않겠는가.

지역언론 사랑이 자치발전의 척도

문제는 시민들이 좋은 지역언론을 어떻게 키우고 사랑하느냐 하는 것이다. 신뢰를 상실하여 시민이 외면하는 신문이나 방송은 설 자리가 없다. 지방자치도 온전하게 영위될 수 없음은 물론이다.

지방자치를 꽃피운 선진제국의 경우를 보면 지역신문의 발행부수는 우리를 훨씬 능가하고 있다. 2000년 한국언론재단에서 조사한 우리나라 지역신문점유율은 8.4%에 불과했다. 지역주민 100명 중 92명이 중앙지를 구독하고 8명만이 지역신문인 지방지를 보고 있다는 이야기다. 영국의 지방지 점유율 66.6%, 프랑스의 71.2%, 독일의 93.1%, 일본의 38.5%와 비교하면 현저한 차이를 나타내고 있다. 독일의 경우 전국 382개 일간지 중에서 373개가 지방지라고 한다. 지방지의 퀄리티(quality) 수준도 중앙지의 그것과 차상차하이다. 여기에는 정부차원의 각종 지원육성책에 힘입은 바가 크다고 한다.

요컨대, 좋은 지역언론은 시민과 정부의 관심과 사랑 속에 자라는 풀과 같아서 기꺼이 필요한 물과 햇빛을 공급해 줄 때 지역사회의 믿음 직한 목탁과 공기로 성장할 수 있다. 그래야 지방자치도 함께 성장하 고 발전할 수 있는 것이다. 정녕 좋은 지역언론이야 말로 자치시민이 공들여 가꾸고 키워나가야 할 공동체의 소중한 자산인 것이다.

〈2010. 10. 1.〉

민선 5기 시정 2년, 어떻게 볼 것인가

 민선 5기 시정 2주년을 맞아 지역언론을 중심으로 그간의 치적에 대한 중간평가가 진행 중에 있다. 여론조사를 실시하고 심층인터뷰, 보도기사, 해설을 싣기도 한다. 근래에는 매니페스토 정책평가라는 이름으로 후보 당시의 공약이나 정책들이 얼마나 잘 이행되고 있는지를 평가하는 작업이 일반화되고 있다. 시정 책임자에게는 주의를 환기시키고 시민들에게는 다음 선거를 위한 판단자료를 제공해 준다는 점에서 바람직한 일이 아닐 수 없다. 이제 임기는 절반을 지나 후반기로 접어들었다.

 지난 달 27일 시흥시장은 '시흥시 민선 5기 시장 취임 2년 언론인 초청간담회'에서 "도시와 자연이 공존하는 도시개발, 환경보전을 통한 일자리창출, 서울대국제캠퍼스 유치를 차질 없이 추진할 것"이라고 밝혔다. 현재 시가 당면하고 있는 또는 추진하고 있는 가장 큰 현안은 군자 배곧 신도시 건설과 서울대국제캠퍼스 유치, 그리고 갯골생태습지와 장곡골프장문제일 것이다. 이 글에서는 이 두 가지 정책 현안을 놓고 정책의 우선순위와 타당성, 일관성, 반응성을 기준으로 그 명암을 짚어 보고자 한다.

첫째 현안은 반응성면에서 시민의 큰 호응을 받고 있어 보인다. 특히 서울대국제캠퍼스 유치문제는 현 시 집행부가 들어선 2009년부터 최우선 정책으로 추진돼왔음은 주지의 사실이다. 서울대측은 시당국의 이 같은 절실한 희망을 잘 알고 있을 터이다. 따라서 그들은 가능한 한 유리한 조건을 제시할 것이고 서울대 법인화가 진행될수록 그 강도는 높아질 것이다.

문제는 시흥시가, 시흥시민이 어디까지 이를 수용할 수 있겠느냐 하는 점이다. 실리적인 상생이 가능해야 정책의 타당성, 일관성이 담보되는 법이다. 먼저 신도시의 개발 콘셉트를 분명히 해둘 필요가 있다. 경제자유구역 지정이 서울대유치노력에 어떤 영향을 끼칠 것인가를 살피고 교육국제화특구 지정가능성도 검토의 대상으로 올려놓아야 한다.

또한 교육공약으로 시흥시장은 2012년까지 시흥속의 영어천국 시흥국제교육센터를 대야동과 정왕동에 각각 건립하여 시민이면 누구나 값싸고 품질 좋은 최고의 영어교육을 받게 하겠다고 약속했다. 이 약속은 현재 얼마나 진척되고 있는지 궁금하다.

둘째 현안으로, 갯골생태습지 보호에 관한 것이다. 2020 시흥시 중

장기발전계획, 시흥도시기본계획에 따르면 시흥시의 상징이요 브랜드로서 그 가치를 부여받고 있다. 자연환경면에서 시흥의 가장 특색 있는 장소로, 관광 면에 있어서도 갯골생태공원과 함께 경기도의 대표적인 해양생태관광 중심지로 십분 인정받고 있다. 이는 관광수입과 일자리 창출 등 지역경제 활성화에도 크게 기여할 것으로 분석되고 있다. 현 시정부의 슬로건인 '미래를 키우는 생명도시'는 무엇보다 생명의 터전인 생태와 환경가치를 염두에 두고 있다.

그런데 시당국은 지난 4월 23일 ㈜성담에 문제의 골프장을 전격 인가함으로써 사태는 새 국면을 맞이하게 됐다. 갯골생태공원과 울타리를 같이 하는 바로 곁에 대중골프장이 들어서는 것이다. 지난 2월 17일 국토해양부로부터 시흥갯벌 습지보호지역 지정을 받은 지 불과 2개월 만의 일이다. 서울대 유치 현안과는 달리, 이해당사자 간 첨예한 대립이 빚어지고 있는 민감한 사안이 충분한 갈등조정도 없이 행정처분이 내려진 것이다.

㈜성담측은 때를 놓칠세라 필요한 절차를 무시하고 공사를 강행하고 있다. 시당국은 이에 대한 통제와 제어능력을 상실해 보인다. 지난 5월 25일 시흥시장은 갯골시민회의 임원들과의 면담에서 법률적 자문을 받아 결정했다고 말했다.

자치단체장을 일러 정치적 관리자(political manager)라고도 한다. 이것은 단체장이 의사결정과정에서 정치적 소신을 관철하거나 거버넌스를 위한 정치력을 발휘할 수 있다는 뜻이다. 지난 6월 27일 시흥시장은 취임 2주년행사에서 "장곡골프장문제는 시 의지와는 상관없이 도에서 결정된 것이고 시는 친환경골프장으로 건설하고 평가단을 두어 모니터링할 것을 골프장 시행사와 합의했다."고 말했다. 소신 있는 환경도시 민선단체장으로서의 정책의지가 의심스럽다.

골프장 사안은 정책의 우선순위와 타당성, 일관성, 반응성 모두의 기준에서 마이너스를 나타내고 있다. '생명, 참여, 분권으로 새 시흥 100년을 준비한다'는 후반기 시정공약(公約)이 공약(空約)으로 끝나지 않기를 바랄 뿐이다.

〈2012. 7. 20.〉

또렷한 도시비전이 안 보인다

가끔 택시를 타면 필자는 입버릇처럼 운전기사에게 질문을 던지곤 한다. "기사님, 시흥에서 살기는 괜찮습니까?" "글쎄요, 생활권이 분산되어 있고 권역 간 교통도 불편하고……. 그런데 훤히 트인 공간이 시원스럽고 공기는 좋은 편이지요."라는 대답이 돌아온다. 보통 시민의 우리 시에 대한 호감도는 무덤덤한 반면 기대수준은 높은 편이라고 볼 수 있다. 어느 도시나 그 도시가 갖고 있는 문화적, 역사적 특색이 있다. 이것을 잘 파악하고 개발해서 매력 있는 도시로 가꾸어 나가는 일이 중요하다.

시흥시는 지난해에 시민의 정주의식 강화와 삶의 질 향상을 도모하기 위한 기초 작업으로 7개 분야 80여 개 항목을 중심으로 '시민 삶의 질 실태조사'를 실시한 바 있다. 당시 시흥시 공보정책담당관실 관계자는 "2013년 시흥 100주년을 맞아, 미래 시흥 100년의 비전을 제시하고 시민이 주인 되는 행복한 도시를 만들기 위해 이를 기초자료로 활용할 것"이라고 말했다. 조사 결과는 공개되지 않았다.

지난 6월 시 기획평가담당관실은 '민선 5기 3년 시정성과 및 과제보고회'를 개최하고, 남은 임기를 위한 시정 5대 과제를 선정했다. 시정철학 다지기, 시흥 100년 키우기, 공약사업 끝내기 등이 포함되었다. 시정철학과 시흥 100년 사업은 시장 직속의 공보정책담당관실의 소관이다. 이 부서는 참모조직으로서 소속 인원이 무려 25명에 이른다.

지난 7월에는 기획평가담당관실 주관으로 '민선 5기 3주년 기념 시민토론회'가 열렸다. 경제, 도시개발, 환경, 교통, 교육, 복지 등 각 분야별 전문가가 초청인사로 참여했다. 경제부문을 맡은 산업기술대 현동훈 교수는 "시흥시가 발전전략으로 집중 육성할 수 있는 산업의 맵을 갖고 있는지 묻고 싶다. 여러 가지 산업을 다 육성하겠다는 것으로 보아 로드맵이 없는 것이 아닌가. 비즈니스센터나 산업진흥원 같은 하드웨어기구는 잘 갖추어져 있지만 앞으로는 집중육성산업을 키우고 부가가치가 낮은 산업은 대체하는 방향으로 밑그림을 그려야 한다."고 지적했다.

관심을 모은 도시개발과 환경 부문도 순탄하게 넘어간 것은 아니다. 이 부문은 평가도구로 흔히 쓰이는 SWOT분석에서 W(약점)에 해당하는 사항이 적지 않아, 보다 강도 높은 지적이 나왔어야 했다. 예컨대, 대야·신천·은행 지역의 뉴타운 지정과 해제에 따른 갈등과 시행착오, 행정력의 낭비 등이 그것이다. 환경부문에서 갯골습지보호지역 지정까지는 좋았지만 바로 문제의 장곡골프장 건설이 허가되어 환경훼손의 개연성을 높인 조처는 반드시 짚었어야 했다. 비정부기구나 지역 언론 등이 주최하는 보다 공정하고 객관적인 평가 작업이 아쉬운 대목이 아닐 수 없다.

다음은 화려한 홍보용 이미지로 시민들에게 다가 온 '시흥 100년 기념사업'에 관한 이야기이다. 시민이 중심이 되는 생명도시의 구현, 도시의 정체성 확립, 도시브랜드의 육성에 취지를 두고 기념사업이 진행되고 있는 것 같다. '시흥 100년의 약속'이란 제목에 부응하는 엠블럼으로 생명, 참여, 분권가치를 표방하고 있다. 사용된 용어들이 다소 추상적이고 원론적인 개념이라 실감이 적게 느껴지는 것이 아쉽다. 좌우간, 시정부는 미래의 도시비전으로 '시민이 중심이 되는 생명도시 시흥'을 지향하고 이 내용을 시의 정체성과 도시브랜드로 발전시켜 시민과 함께 키워 나가겠다는 의도가 엿보인다.

지난 칼럼에서 누누이 지적했듯이, 생명도시의 의미내용을 보다 선명히 정의하고 이를 구현하기 위한 실행로드맵을 완성하는 일이 긴요하다. 앞으로 시민원탁회의 등을 통해서 보완될 수 있겠지만 핵심골격의 형성은 시정부의 몫이다.

요컨대, 시흥 100년 사업의 요체는 과거를 거울삼아 미래를 준비하는 데 있으므로 현재 실행하고 있는 생명도시 구현방안인 도시농업의 권장, 자살율과 성범죄율의 감소대책, 건강도시가 추구하는 건강한 시민 만들기, 교육여건의 개선, 그리고 친환경적 생태·의료관광 인프라 구축 등이 보다 체계적으로 수립되어야 할 것이다. 단순한 구호가 아닌, 진정성 있고 실현가능한 정책이라야 시민들에게 공감과 희망을 줄 수 있다.

〈2013. 8. 2.〉

어느 후보를 선택할 것인가

　어처구니없는 여객선 세월호 참사를 비통한 심정으로 목도하면서 지도층 인사의 의무와 책임이 얼마나 막중한가를 절감하게 된다. 배의 선장과 승무원이 제 본분을 다하고 대책본부의 공무원들이 보다 신속하게 대응을 했다면 사태는 훨씬 호전되었을 것이다. 이런 맥락에서 지역의 지도자를 뽑는 지방선거 역시 국민과 시민에게 매우 중요한 정치현안이 아닐 수 없다. 6·4 지방선거를 앞두고 여기 저기 내걸린 후보 현수막들을 보면 그 큰 얼굴사진의 작품이 경이롭고, 우아하게 미소 띤 얼굴은 하나같이 미남미녀다. 얼굴 이미지만 보아서는 그 사람이 어떤 사람인지, 어떤 생각과 비전을 가졌는지 알기 어렵다.

후보의 공심(公心)과 비전이 선택의 기준

　시민과 유권자는 정색을 하고 그들에게 엄정히 물어야 한다. 무엇

때문에 공직에 출마하였는지, 공직의 참의미와 적격성에 대하여 진지하게 고민을 해보았는지를.

며칠 전 필자는 지인으로부터 뜻밖의 이야기를 듣고 당황한 적이 있다. 그는 대뜸 "이번 시장선거에 한번 출마해볼까 해. 되면 좋고 안 돼도 크게 손해 보는 것 없잖아."라며 의중을 비쳤다. 어느 면에서 숭고하기까지 한 선출직 공직을 이렇게 가볍게 치부하는 예비출마자가 있다니 순간 기가 막혔다. 19년 전 전국 지방선거가 처음 실시된 이후 공직 부적격자들이 양산되었고 정당공천제의 폐단이 축적되면서 지방자치제는 존립이 위태로울 정도로 시비논란을 겪기도 했다. 민선 4기 동안 전국의 기초단체장 230명 중 47.8%인 110명이 비리와 위법 혐의로 기소됐다는 사실만을 봐도 문제의 심각성을 짐작할 수 있겠다.

공공성에 대한 확고한 신념 없이 공직을 개인의 명예나 출세의 발판으로 이용하려는 후보들이 부지기수로 엄존하는 한, 시민과 유권자는 두 눈 크게 뜨고 생선가게 주인의 심정으로 가게를 맡길 대리인을 옳게 뽑아야 한다. 좀 과한 말인지 모르지만, 고양이 같은 위인을 뽑아서 생선가게를 맡긴다면 얼마나 낭패이겠는가.

어느 후보를 선택할 것인가에 대한 명확한 해답은 어디에도 존재하지 않는다. 공직선거법 제6조(선거권행사의 보장)에서 국가는 선거권자가 선거권을 행사할 수 있도록 필요한 조치를 취하여야 하며 선거권자는 성실하게 선거에 참여하여 선거권을 행사하여야 한다고 규정하고 있을 뿐, 어떤 후보를 뽑아야 최선의 선택인가에 대해서는 아무런 도움말도 제시하고 있지 않다. 순전히 유권자의 판단에 맡기고 있는 것이다.

따라서 유권자는 자기 나름대로 선택의 기준을 정하고 결정을 내릴 수밖에 없다. 대체로 후보의 인물됨과 정책비전이 선택의 주요 잣대가 될 것이지만, 공공의 이익을 위해 사심을 버리고 시민과 소통하며 좋은 정책을 개발하여 일관되게 추진할 줄 아는 목민관의 자질을 갖춘 인사라면 무난할 것이다.

과거에 뭐했던 사람이라고 과시용 경력을 내세우기보다 앞으로 공심(公心)을 갖고 최선을 다하며 실현가능한 정책을 실천하는 쪽에 점수를 더 주어야 할 것이다. 역으로 연고를 내세우며 언설로 표심을 유혹하는 행위, 헛된 명예와 권력욕에 눈이 먼 함량미달의 인사는 투표의 힘으로 패배의 쓴맛을 보여주어야 한다.

시민과 함께하는 소통의 리더십 필수

'10년 뒤 한국의 리더에게 가장 필요한 능력은 무엇인가'라는 어느 설문조사에서 감성지능과 소통능력이란 응답률이 제일 높게 나타났다. '자유를 향한 머나먼 길(Long way to freedom)' 제하의 자서전에서 넬슨 만델라는 "리더란 양치기와 같은 것"이라고 말했다. 양치기형 리더는 조직 구성원을 지켜주면서 뒤에서 권한위임을 통해 자유롭고 창의적인 근무 분위기를 조성해 주는 소통의 리더십에 기반을 둔다.

원컨대, 공직에 뜻을 두고 출사표를 던진 후보들은 공공성과 소통의 의미를 새롭게 음미하며 선거운동에 임해 주기를 바란다. 시민과 유권자는 선거가 결코 남의 일이 아닌 바로 자신의 일임을 자각하고 신성한 투표권을 소중하게 행사하기를 빌어마지 않는다.

〈2014. 4. 25.〉

시흥시의 '소통 코끼리'를 진단한다

언제부터인가 큰 귀와 긴 코를 가진 '시민 소통 코끼리'가 시흥시 캐릭터의 하나로 등장했다. 시민의 목소리를 넓게 듣고 희망을 널리 노래한다는 의미가 담겨 있다고 한다. 풍요를 상징하는 다산 동물, 귀염둥이 거북이 '토로'와 '해로'만 알고 있었는데 코끼리 이미지를 새로 접하니 신선한 자극이다.

거북이든, 코끼리든, 소통의 메시지는 현 사회를 관통하는 키워드임이 분명하다. 소통의 현주소를 살피고 건강한 소통사회를 추구하는 일은 시민이면 누구나가 바라는 바일 것이다.

소통은 한마디로 관계의 기술이다. 개인 간의 관계, 조직 간의 관계에서 발생하는 사회적 상호작용에 관한 것이다. 행정조직도 이젠 종전의 공식적인 권위에만 의존하지 않는다. 사회구성단위 간의 협력과 소통을 통하여 정책현안을 해결하고자 노력한다. 대체로, 민관조직 간 상호신뢰와 소통, 시민단체의 특성, 정부의 시민단체에 대한 태도 등이 거버넌스 형성에 지대한 영향을 미치는 요인으로 지목되고 있다.

시민 소통 코끼리는 글자 그대로 시민소통에 역점을 두고 있어 조직 소통까지 이르기에는 다소 힘이 부칠 것이다. SNS 등 소셜미디어의 발달로 시민 간 소통은 그만큼 수월해졌고 또 활발해졌다. 시 기관지의 시민필진, 시민VJ, SNS서포터, 그리고 동네이야기를 발굴하기 위한 마을경청단원 모집 등은 시민소통 효과를 사뭇 향상시킬 것이다.

요점은 시민 간 소통 못지않게 조직 간 소통이 중시되어야 한다는 이야기다. 좋은 거버넌스를 구축하기 위해서는 민·관 조직 간 상호신뢰와 소통이 필수적이기 때문이다. 제도적으로 설계된 '시흥의제21'은 대표적인 민·관조직 협력기구로서 사업성과에 따라 시흥 거버넌스 수준을 제고할 수 있다.

필자가 경험한 사례를 여기에 소개한다. 2014년 11월 19일 '시흥갯골 정책토론회'가 연성동 주민센터에서 열렸다. 시흥YMCA와 시흥환경운동연합이 주최하고 시흥의제21이 후원한 이 행사에 주요 시민단체 대표들이 대거 참가했다.

반면 시정부 공무원은 발제자인 공원조성팀장만이 참석했을 뿐, 책임 있는 국·과장은 모습을 보이지 않았다. 일반화의 오류가 존재할지 몰라도, 당시 민·관 거버넌스의 현주소를 보는 것 같았다. 차제에 시민단체들도 자율성, 자체역량, 주민대표성 등을 더 확보하여 NGO 본연의 역할에 만전을 기할 것을 기대한다. 그 바탕 위에서 서로 건강한 길항관계(trade-off)를 유지하는 것이 바람직하다.

조직 간 소통과 관련하여 간과할 수 없는 부분이 시민단체 아닌 시민단체인 지역언론과 시당국과의 관계가 아닌가 한다. '지역언론이 살아야 지역이 산다'는 말처럼, 지역언론의 존재이유는 자명하다. 시민의 알 권리를 충족시키는 기본 책무가 있고 의제를 설정하여 소통과 공론의 장을 마련하며 나아가 언론의 자유와 풀뿌리민주주의를 실현하는 역할을 자임하고 있다.

시당국은 지역 비전을 공유하는 만큼 지역언론과의 관계를 적절히 운용할 필요가 있다. 같은 비정부기구(NGO)인 시민단체처럼 언론을 협력파트너로, 정책과정의 참여자로, 그리고 정보와 논평의 제공자로 인정하고 소통한다면 상생전략이 될 수 있다.

시흥시 최대 정책현안인 서울대 시흥캠퍼스 문제도 언론홍보정책 차원에서 접근할 필요가 있다. 무조건 쉬쉬하는 것 보다 '알릴 것은 알리고 피할 것은 피하라'는 PR의 원리를 적용하는 것이다.

그럼으로써 시민에게는 알 권리를 충족시키고 또 공론화를 거치면서 의외의 소득을 얻을 수도 있다. 지난 4월 6일 경기도지사와 서울대총장이 배곧 신도시 '교육국제화특구' 지정을 위한 공동노력에 합의했다고 한다.

필자는 일찍이 본지 자치칼럼(2012년 7월 20일자)에서 서울대캠퍼스 유치 촉진을 위한 여건조성을 위하여 교육국제화특구 지정의 필요성을 주장한 바 있다. 언론의 기능은 이런 것이다. 신문이란 소통과 공론의 장에 문제해결의 실마리와 해답이 숨겨져 있는 것이다. 시흥시의 소통 코끼리는 푸른 5월이 되어서야 비로소 늠내길을 걷기 시작했는가. 소통 코끼리의 향후 행보를 기대해 본다.

〈2015. 5. 29.〉

현행 지방자치에 대한 올바른 이해

지방분권이 지방자치 발전의 특효약인 양, 인구에 회자되고 있다. 지방자치의 온갖 문제점이 일거에 해소되는 유일한 출구인 것처럼 비쳐지는 느낌이다.

지난 19대 대선 기간 중 주요 대통령 후보들도 온도의 차이는 있었지만 한 목소리로 지방분권에 대하여 호의적인 입장을 표명한 바 있다. 차제에 자치시민이라면 '지방분권이 되면 지방자치는 저절로 완성되는 것인가'라는 질문을 놓고 한번쯤 생각해 봐야 할 시점이 아닌가 싶다.

우선, 지방분권이라는 용어가 지방자치라는 단어 못지않게 다의적인 데가 있어 그 내용 파악이 쉽지 않음을 알게 된다. 최근 지방분권론자인 최문순 시·도지사협의회장은 '지방분권 실현을 위한 논의'라는 제하의 인터뷰에서 "우리나라는 본격적인 지방자치가 실시된 지 20년이 지났으나 여전히 80% 이상의 행·재정 권한이 중앙정부에 편중되어 이른바 '2할 자치'의 수준을 벗어나지 못하고 있다.

따라서 제도적인 측면에서 자치입법권, 자치조직권을 강화하고 지방재정권을 확대하며, 지방에 중대한 영향을 미치는 중앙정부의 정책 결정에도 적극 참여할 수 있는 제도적 통로가 필요하다."고 강조했다. 환언하면, 중앙정부의 권한을 지방자치단체로 이양하는 수직적 분권화, 즉 지방분권이야말로 지방자치 발전의 요체라는 점을 강조한 것이다. 이에 대하여 전면적으로 이의를 제기할 사람은 없을 것이다.

다만, 지방정부로의 권력이동이 대폭 이루어진다고 해서 비례적으로 지방자치가 잘 되고 주민의 삶의 질이 향상되는가라는 추론에 상도하면 일말의 의구심이 생기는 것을 부인하기 어렵다. 그것은 지방분권이 분명 지방자치 발전의 필요조건은 될 수 있으나 결코 충분조건은 되지 못한다는 사실과 관련된다.

이 글은 이 충분조건이 무엇인가를 살피고 새롭고 조화로운 발전대안을 강구하는 차원에서 지방자치에 대한 본질적 논의를 검토하는 데 의의가 있다. 지방자치의 토양이 척박한 우리의 전통적, 문화적 요인을 감안한다면 더욱 그렇다고 하겠다. 2015년 행정자치부는 지방자치제 도입 20주년 기념에 즈음하여 제도자치에서 주민자치로의 전환을 역설했다. 제도자치란 중앙과 지방 간 권한이양과 제도정비에 방점을 둔 단체자치를 의미하며 주민자치란 지자체와 주민 간 권한이양을 통한 풀뿌리민주주의의 실현을 의미하는 개념이다.

이에 앞서 2012년에 이미 행정자치부는 주민자치의 세 가지 모델을 개발하여 실행에 들어갔다. 현재의 주민자치회는 주민자치의 협력형 모델로서 동사무소와 병렬적으로 설치되어 주민생활과 관련된 사안에 대해 협의 기능을 수행하고 있다.

주민자치는 주민의 자치역량을 기반으로 기관 간. 기관과 주민 간 소통과 합의 도출에 기여함으로서 충분조건의 역할을 수행한다. 제도자치에 순치되어 있는 우리의 자치 환경에서 주민자치의 실현은 수월치 않은 시행착오의 과정을 예고하고 있다.

이를 극복하기 위해 기관장의 정치적 리더십과 운영의 묘는 필수적이다. 단체장이나 의회의장이 단순한 법적 관리자(legal manager)를 넘어서 정치적 관리자(political manager)의 지위도 갖게 되는 까닭이 여기에 있다. 집행부와 시의회를 주축으로 하는 시정부는 2인3각의 공동운명체적 관계와 아울러 조직 간 견제와 균형의 원리를 적용받고 있다. 현행 지방자치기구는 기관분립형 정부형태로 권력의 경중으로 보아 '강시장-약의회' 형식이 기본이다.

따라서 양자 간의 갈등은 불가피하고 혹여 집행기관이 소통을 외면하고 독주하거나 여소야대의 권력지형이 형성되기라도 하면 언제든 충돌가능성이 현실화되는 위험을 내포하고 있다. 이를 증명이라도 하듯 시흥 시정부는 전에 없는 기관갈등으로 시정의 난맥상이 노정되고 있다. 이런 때일수록 공직자는 시민의 봉사자인 공복의 자세로 협치에 힘쓰며 소통의 리더십을 발휘하는 지혜와 용기가 필요하다고 하겠다.

〈2017. 6. 9.〉

지역언론과 자치발전

　지방자치는 유럽에서 시작되었으나 풀뿌리민주주의는 미국에서 꽃을 피웠다. 여기에는 미지의 땅을 일군 미국인의 진취적인 기상도 한 몫 했을 것이다. 본래 지방자치가 절대군주정을 부정하는 데서 비롯된 제도인 만큼, 신대륙 아메리카로 건너온 초기 미국인들은 국가의 간섭을 가급적 배제하고 자유를 구가하는 시민사회의 건설을 꿈꾸었다. 그들은 자치욕구가 충만하였고 아메리칸 드림의 성취를 위해 진력했다.

　제도적 차원에서는 의회주의를 채택하고 통치 권력을 철저히 분립, 분산시켰으며 지방의 자주성을 명확히 인정하는 지방자치제를 선택했다. 마을 공회당에 모여 당면 현안을 논의하고 정책을 토론하는 광경은 그들의 일상사가 되었다.

　사회적 이슈가 정책의제로 수렴되고, 나아가 정책이 결정되는 공론화 과정에서 그들은 의지와 열정만 가지고서는 부족하고 무엇보다 정책문제의 내용에 대한 올바른 이해가 중요하다는 것을 깨달았다.

여기에서 자연스럽게 출현한 것이 바로 주민의 알 권리를 충족시켜 주는 지역신문들이었다. 물론 당국의 PR(Public Relation)업무도 알 권리를 충족시키는 기능이 없지는 않지만, 정책홍보에 치우치는 경향을 막을 수는 없었다. '피할 것은 피하고 알릴 것만 알려라'는 PR 속언이 말해주듯이, 정부의 홍보기능에는 다분히 정부 선전을 위한 일방적 설득 논리가 배어 있음을 부인하기 어렵다.

그래서 보다 객관적이고 공정한 보도와 논평을 요구하는 시민의 기대에 부응하여 미국은 건국 초기부터 지역 단위로 발행되는 신문시장이 발달되어 왔다. 우리나라와 달리, 각 지역에 뿌리를 두고 그 지역의 목소리를 내는 지역언론이 주류를 형성한 것이다.

저명한 칼럼니스트 월터 리프만(W. Lippmann)은 이를 두고 "언론의 자유와 민주주의가 미국에서 확고히 자리매김된 것은 이러한 지역신문체제 덕분"이라고 지적했다. 이는 지역언론의 여건이 지방자치의 수준을 좌우하는 변수로 작용될 수 있음을 시사하는 대목이다.

이제 우리나라 지역신문의 현주소를 살펴보자. 한국언론재단이 2000년에 조사한 국가 간 지역신문점유율을 보면, 미국에 이어 영국이 66.6%, 일본이 38.5%, 한국은 8.4%를 나타냈다. 한국의 경우, 지역주민 100명 당 92명이 중앙지를 구독하고 8명만이 지역신문을 보고 있다는 말이다. 지역언론이 시민들로부터 얼마나 외면을 받고 있는지를 웅변적으로 보여주는 지표라 하겠다.

지역언론과 유리된 채 생활하는 주민이라면 지역의 문제와 현안에 밝지 못할 것이므로 자치 의지와 역량을 갖춘 시민으로서 시민적 긍지, 자부심, 정주의식 등을 기대하기 어려울 것이다. 아무래도 공동체적 관심사보다는 중앙이나 타지의 정책에 더 경도되어 있을 것이다. '지역언론이 살아야 지역이 산다'는 슬로건이 실감 있게 떠오른다.

지방자치의 발전은 이제 지방정부의 힘만으로는 불가능한 시대가 되었다. 기업과 시민단체, 지역언론 등 지방거버넌스를 구성하는 각 주체들의 상호 협력 없이는 '자치와 분권'이 동시에 작동하는 지방자치를 기대할 수 없다. 자치와 분권은 태극의 음양처럼 어우러져 운행하는 속성 상, 좋은 지역언론에 터 잡은 자치(self-governance)야말로 절반의 성공이다.

지역언론의 책무와 역할은 자치와 관련하여 아무리 강조해도 지나치지 않는다. 그런데 드물지 않게 자치부분은 놓아두고 지방분권과 재정분권을 편중 강조하는 사람들이 있다. 근자 김부겸 행정안전부 장관은 특별기고문에서 "우리 사회가 성년이 된 지방자치의 자립을 여전히 가로 막고 있는 것은 아닐까 생각해본다. 물론 자치단체의 역량 부족을 이유로 우려의 목소리가 있는 것도 안다. 그러나 언제까지 품 안에 꽁꽁 묶어둘 수는 없는 일이다. 다소 시행착오를 겪을지라도 부모의 그늘에서 벗어나게 할 때, 자식의 진정한 인생이 시작된다. 전국 243개의 자치단체가 저마다 품고 있는 지역공동체의 꿈과 발전을 위해 이제는 홀로서기를 적극 지원할 때이다."라고 썼다.

　문제는 지방거버넌스의 인프라가 중앙성부 차원과는 비교할 수 없게 부실하고 취약하다는 점이다. 차제에 자치부문의 문제점을 좀 더 면밀히 파악하여 의외의 시행착오를 방지하는 진지한 노력이 경주될 때이다.

〈2017. 10. 27.〉

제2부

지방화시대의 풍경

시흥시 살림살이 들여다보기

　지방자치가 뿌리를 내리면서 지방재정의 규모와 위상이 크게 높아졌다. 오랫동안 중앙정부 위주로 편성되던 국가재정체제는 2000년을 전후하여 중앙재정과 지방재정이 대등한 체제로 발전되었다. 이에 따라 1999년 지방재정법에 근거를 두고 지방재정분석제도가 처음으로 도입되었고, 2004년에는 지방재정규모가 52%의 비율로 중앙재정을 능가하기에 이르렀다. 금년에는 발생주의 복식부기 이론에 기초한 '지자체 기초재정분석'이 행정안전부 주관으로 실시되었다. 기초재정분석은 기업조직의 재무제표인 대차대조표, 손익계산서, 현금흐름표의 원리를 공공조직에 원용한 것인데 재정상태표, 재정운영성과표, 세입세출예산서가 바로 이에 해당한다.

　시흥시는 지난 1년간의 재정구조를 한 눈에 볼 수 있는 '2007 회계연도 재무보고서'를 지난 8월에 내놓은 바 있다. 이에 따르면, 재정상태에 있어서 시의 총자산은 4조 3,479억 원, 총부채는 6,279억 원으로, 군자매립지 매입비용 4,900억 원을 포함하여 단기성 유동부채가 84.7%를 점하고 있다. 시흥시의 부채규모는 전국 기초자치단체 중에서 으뜸이다. 재정운영성과에 있어서는 수익이 4,623억 원, 비용은 3,379억 원으로 수익구조는 양호한 편이다.

수익 중에서 지방세, 경상 세외수입 등 자체 수입이 60.2%이고 비용 중에서 사회복지비가 차지하는 비중은 47.0%에 이른다. 자체수입인 자주재원과 지방교부세, 보조금, 양여금 등으로 구성되는 의존재원 간의 비율, 즉 재정자립도는 58.9%로 경기도 내 31개 시·군 가운데 8위를 차지하고 있다.

내년도 시 세입세출예산안을 보면, 일반회계는 금년보다 16% 증가한 4,835억 원, 특별회계는 군자지구 토지매입 잔금지급분이 반영되어 무려 443% 증가한 6,356억 원이 상정되어 시의회의 의결을 기다리고 있는 상태이다.

여기에서 주목할 것은 시정부의 과도한 부채에 관한 것이다. 2006년 3월 시흥시와 한화건설 간에 체결된 군자매립지 매매계약으로 빚어진 잔금 지급채무는 이미 경기도 사무감사에서 지적되었듯이, 부분적인 법률적 하자가 있는 것으로 밝혀진 바 있다.

대개 지방정부들은 자본적 지출을 충당하기 위해 부채를 증가시키지만 부정적인 폐해에 대해서는 과소평가하는 경향이 있다. 가계의 빚이나 기업의 부채와는 달리, 정부의 부채는 언필칭 세수증대로 이를 해결할 요량이나 조세저항을 고려하지 않을 수 없고, 더욱이 감당하기 버거운 유동부채라면 이자부담과 만기상환 압박에 직면하여 급기야 모라토리움(지불유예)사태를 겪게 될지도 모른다.

미국이나 일본에서는 실제로 파산을 당하는 지방정부를 종종 볼 수 있다. 일본 효고(兵庫)현 소재 미키(三木)시는 지지난달에 '재정위기'를 선언했다. 2006년부터 2년간 공무원 급여를 삭감하고 적자 철도노선을 폐지하는 등 각고의 자구노력에도 불구하고 향후 5년 내에 50억 엔의 추가재원을 마련하지 못하면 파산이 불가피하다고 한다. 우리나라도 정부파산제가 인정된다면 부채가 과다하고 재정자립도가 열악한 상당수의 지자체가 재정파탄으로 절단 나고 말 것이다.

시흥시의 계약 잔금 재원조달방법을 둘러싸고 다양한 아이디어가 분출되고 있는 것 같다. 예컨대, 토지보상채권 발행, 도면분양, 시유자산 매각 등이 거론되기도 하지만 조달목표에 크게 미달되거나 실현가능성이 적은 담론 수준에 머물고 있는 느낌이다.

보통 상식으로 지방채 발행을 떠올릴 수도 있으나 시흥시는 제4유형 지자체로서 기채권한이 중지된 상태이고 설사 규제조건이 풀린다 해도 시 재정규모 상 발행액 한도에 묶여 별로 도움이 되지 못할 전망이다.

시 재정 관련 데이터와 당면현안을 중심으로 우리시의 살림살이 형편을 대강 들여다보았다. 차제에 조언하자면, 문제의 부채관련 처리는 한화건설 측 그리고 사업 승인권을 갖고 있는 경기도와 긴밀히 협의하면서, 가능하면 중앙정부의 협조와 지원도 끌어내는 다각적인 노력이 경주되어야 한다는 점이다. 또 시유자산을 매각하는 일은 미래세대의 공적 자원을 현세대가 처분하는 행위이므로 광범위한 지역 거버넌스의 협력이 우선되어야 한다는 점도 유념해야 한다.

이런 맥락에서 시당국은 필요한 정보를 시민들에게 투명하게 공개하고 정책결정과정에도 시민참여를 적극 유도하는 노력을 해야 할 것이다.

〈2008. 12. 19.〉

새 단체장리더십의 필요충분조건

새 민선시장을 선출하는 보궐선거일이 목전으로 다가왔다. 선거홍보 현수막이 여기저기 바람에 펄럭인다. 민주국가에서 선거는 없는 집 제사 돌아오듯 일상화된 연례행사이다. 심지어 교육전문직인 시도 교육감도 주민의 직접투표로 결정하는 판국이다.

사실 이번 보궐선거는 시흥시민에게는 가외의 행사와 같은 것이지만, 저간의 사정을 지켜보면서 느껴야 했던 통절한 자괴감을 조금이나마 해소하는 기회가 되었으면 한다. 또 보다 나은 자치의 전통을 세우는 심기일전의 기회로 삼을 수 있다면 그나마 다행스러운 일이 아닐 수 없다. 따라서 새 민선단체장의 리더십에 거는 시민의 기대는 자못 크다고 하겠다.

우리나라와 같이 기관분립형, 강수장형 지방정부형태를 취하고 있는 나라는 어떤 인물이 단체장으로 선출되느냐에 따라 그 도시의 미래가 좌우될 수 있기 때문에 더욱 그렇다. 단체장은 지방자치단체의 목적을 실현하는 최고집행기관으로 해당 자치단체를 대표하며 교육사무를 제외한 일반적 행정사무를 통할한다.

단체장의 권한은 법령에 하나하나 열거하지 않고 포괄적으로 규정하고 있어 대단히 광범위한 것이 특징이다. 더구나 단체장은 고유사무와 단체위임사무 뿐만 아니라 기관위임사무도 폭넓게 집행하고 있다. 이와 같은 단체장의 막중한 권한을 성실히 행사하고 그 역할을 창조적으로, 통합적으로, 실천적으로 수행할 수 있게 하려면 단체장은 어떠한 리더십을 갖추어야 하는지, 단체장 리더십의 필요충분조건을 개괄적으로나마 살펴 볼 필요가 있다. 지방자치단체의 규모와 종류, 도시와 농촌 등 고려사항이 적지 않으므로 편의상 시흥시를 기준으로 설명하는 편이 좋을 것이다.

첫째, 새 단체장은 무엇보다 투철한 공직의식과 책임감을 소유하여야 한다. 역대 민선시장의 사법 처리된 전력과 낮은 수준의 시흥시 청렴도는 깨끗한 공직의식(public spirit)의 소유자를 우선적으로 요구하고 있다. 선조들의 청백리 정신을 한번 떠올려 보라. 아울러 공직자 윤리, 공직자 재산등록 공개제도의 입법취지를 명심하고 높은 수준의 도덕성을 견지하도록 노력하여야 한다.

이와 관련, 소위 CEO형 리더십의 함정을 경계할 필요가 있다. 지방정부를 기업경영의 차원에서 접근하는 것인데, 사익을 추구하는 기업과 달리 정부행정은 행정윤리를 바탕으로 주민전체의 이익을 추구하는 특징이 있다. 이런 의미에서 공직책임자를 가리켜 CEO 대신에 CE(chief executive)라고 부르기도 한다.

둘째, 창의적인 활동을 통하여 시민에게 감동을 주는 행정을 펼쳐야 한다. 단체장 자신은 물론 시 행정조직을 최대한 운용하여 좋은 정책 개발에 진력하여야 한다. 이러한 맥락에서 고건 전 서울시장은 '행정은 예술과 같다'고 비유하기도 했다. 행정도 예술과 같은 경지에 도달해야 좋은 행정이 된다는 것이다. 예술에서는 작품을 통해서 소통과 감동이 이루어지지만, 행정에서는 정책과 서비스를 통하여 행정가와 시민의 소통이 이루어진다. 창의와 상상력을 동반한 반짝이는 정책아이디어는 소통과 협력을 통하여 우러나오는 것이다. 혹자는 이를 지성감민(至誠感民)이라고 표현했다.

근래로 현재 진행 중인 부천역 남부광장 조성공사는 누가 보아도 통쾌한 감동 행정의 본보기가 아닌가 싶다. 부천역 남부의 교통 혼잡과 보행인의 통행 불편을 초래한 장애물 같은 빌딩들을 허물고 그 자리에 쾌적한 시민광장을 조성하고 있다. 과연 아트행정의 본보기이다. 부천시의 원만하고 과감한 행정리더십에 찬사를 보낸다.

끝으로 단체장은 항상 공부하는 자세로 리더십을 연마해야 한다. 리더십연구의 권위자인 베니스는 '지도자는 태어나는 것이 아니라 만들어지는 것이며 그것도 자기 자신에 의해 만들어진다'고 강조한다. 사람의 능력은 끊임없이 갈고 닦지 않으면 녹슬고 퇴보하기 마련이다.

설혹 한때 잘 나가더라도 자만하고 방만하면 그 순간부터 그의 리더십은 훼손되기 시작한다.

리더십은 수양의 과정이며 수행의 도정이라고 말할 수 있다. 이점에서 세종리더십과 충무공리더십은 좋은 귀감이 될 것이다. 이번 선거결과로 깨끗하고 멋진 시장을 볼 수 있기를 바라마지 않는다.

〈2009. 4. 17.〉

주민자치위원 공개모집 사례의 교훈

주민자치를 기치로 주민자치위원회제도가 출범한지 어언 십 수 년 이 지났다. 아직 일천한 역사이지만 그간 주민자치위원회의 자치활동, 주민자치센터의 프로그램, 지방자치단체의 지원행정 등에 있어서 상당한 발전을 보이고 있음은 주지의 사실이다. '의제21'과 함께 민관 협치(거버넌스)의 기본고리인 주민자치위원회는 풀뿌리민주주의의 지역 기본단위로서 그 운영여하는 주민자치 내지 지방자치 실현의 바로미터로 인식되고 있다.

주민자치의 소임 중 하나가 의식 있는 자치시민의 육성에 있다고 본다면 주민자치위원회의 역할과 기능은 아무리 강조해도 지나침이 없을 것이다. 이런 점에서 지난 2월 초에 시행한 연성동 주민자치위원 공개모집사례는 우리에게 적잖은 교훈을 주고 있다.

조례에 충실한 심사기준과 적용이 핵심

장곡동에 거주하는 최 모 씨는 위의 공개모집절차에 응모하여 성실히 심사에 임했으나 의외로 낙방했다고 한다. 그는 심사과정에 문제가 있다고 보고 시흥시 홈페이지 '시흥시에 바란다'에 공개민원을 제기했다. '원칙 없는 연성동 주민자치위원 공개모집사례'라는 제목으로 그가 전자 우편으로 밝힌 민원내용은 다음과 같다.

지난 2월 초 연성동 주민자치위원 공개모집과정을 응모자의 한 사람으로 지켜 본 결과, 심사기준과 결정방법에 문제가 있음을 발견했다. 심사기준이 관련조례(시흥시 주민자치센터 설치 및 운영조례)의 원칙에 충실하기보다 기준자체가 모호하고 자의적이며 면접절차는 형식에 불과했다는 인상을 지울 수 없었다. 최 씨는 연성동장이 유고된 상태에서 치러진 이번 면접심사(면접위원 3명)결과에 대하여 승복할 수 없는 이유로 다음 세 가지를 열거하고 있다.

첫째, 관련 조례상의 심사기준인 봉사정신과 경력전문성은 특출한데도 불구하고(면접위원들의 말임) 기준에도 없는 연령요소(최 씨 연령은 만 62세로 고령화 사회에서 사실 높은 편이 아니며 현 연성동 자치위원 중 60대는 30명 중 1명에 불과함)를 임의 적용하여 크게 감점 처리했다는 사실이다(응모자 5명 중 3명 합격처리, 최 씨는 평점순위 4위라고 함. 당초 인원제한은 없었음).

둘째, 주민자치위원회는 주민참여의 보장 및 자치활동 조장을 원칙으로 하는 주민의 자율적 조직(관련조례 3조)이란 점에서 남녀노소 모든 주민이 차별을 받지 않고 지역공동체 활동에 참여할 권리가 있다. 이러한 개방적인 조례취지를 외면하고 진입장벽을 높여 봉사와 헌신을 자청한 능력 있는 특정인을 배제한 처사는 다분히 기득권 세력이 조직 내에 권력의 탑을 쌓겠다는 뜻이 아닌가 하는 의구심을 갖기에 족하다.

셋째, 시정참여와 자치행정의 기초단위인 동 주민자치위원회의 기능적 중요성을 감안할 때 부당하고 잘못된 관행은 반드시 시정되어야 한다는 점이다. 이번 사례를 공개하는 까닭도 바로 여기에 있다. 향후 최씨 사례를 타산지석으로 삼아 봉사와 참여를 희망하는 모든 주민에게 공정하게 문호를 넓혀 주민자치위원회가 참신하고 창의적인 조직 문화 속에 주민의 신뢰를 받게 되기를 바란다. 미래의 지역일꾼들이 여기에서 발굴되고 양성되며 배출될 수 있도록 풀뿌리 지역정치의 요람으로서 주민자치위원회가 제 기능을 다할 수 있기를 희망한다. 감독당국은 이번 연성동 모집사례를 다시 평가하고 재심사할 용의는 없는지 책임 있는 후속 조치가 있어야 할 것이다.

투명행정과 주민참여의 자치센터로 발전해야

이 글의 답신은 수일 후 민원인에게 답지되었는데 이를 요약하면 다음과 같다. 심사평가는 평가표에 의거 실시하였으며 특정인 배제 의도는 없었다. 위원회 조직 내 권력의 탑을 쌓는다는 추측에는 동의할 수 없다. 절차가 종료된 현 시점에서 재심사를 할 수 없다. 다만, 향후에는 세밀한 세부기준 등을 마련하여 투명행정과 거버넌스가 기능하는 주민자치센터가 되도록 노력하겠다는 내용이 주요골자이다. 각설하고, 주민주도의 시정을 표방하고 있는 시정부의 노력이 명실상부한 자치조직 활동으로 이어져 소기의 성과를 얻기를 바라마지 않는다.

〈2012. 2. 24.〉

시의회 존재, 예산심의에서 빛난다

 전국 지자체의 2014년도 예산안이 해당 지방의회에 제출되었다. 이에 앞서 중앙정부 예산안도 국회에 제출되었다. 정부예산은 1년간의 세입세출 규모와 그 내역을 담은 정부의 사업계획서이다. 계획된 목표들을 달성할 수 있도록 재원의 수입과 지출을 체계적으로 연관시킨 것으로 예산과정의 결과물이다. 국회 예산정책처는 '2014년도 예산안 분야별 분석보고서'에서 사업간 중복지원과 효과가 모호한 사업수립 등으로 예산낭비가 우려된다고 지적했다.

 이는 지자체의 경우에도 예외는 아니다. 시흥시는 지난 19일 2014년도 시예산안을 시의회에 제출했다. 이에 따라 시의회는 정례회기(11월 20일~12월 20일) 중 해당 상임위원회별로 예산안 예비심사를 하고 12월 12일까지 예산결산특별위원회의 심의를 거쳐 본회의에서 최종의결하게 된다. 지방의회는 크게 조례의 제정, 예산심의와 의결, 집행기관의 감시와 통제를 주된 임무로 하고 있는데 그 중에서 예산심의와 의

결은 집행기관이 추진하고자 하는 제반 사업과 활동을 재정 측면에서 점검하고 견제하는 중요한 수단이다.

예산과정에서 정당공천제의 폐단이 노정되기도 한다. 중앙정치에의 예속과 지자체 내 분립된 기관간의 유착관계 형성으로 의회의 견제기능이 무력해지기 때문이다. 예산심의에 있어서 지방의회 의원의 전문성 부족이 도마 위에 오르기도 한다. 예산과 재정에 대한 충분한 연구 없이 올바른 예산심의를 기대할 수 없다.

회계사가 기업의 제무제표를 한눈에 파악해 내듯이, 예산안을 다루는 의원은 예산안을 보면 수치에 담겨있는 사업의 의미와 정책적 함의를 읽을 줄 알아야 한다. 특히 예산낭비의 소지를 찾아내 이를 바로잡는 혜안이 필요하다.

이런 맥락에서 경계해야 할 예산낭비의 유형을 몇 가지 예시해 보면 다음과 같다. ①기관 간, 부서 간 업무협조 미흡으로 인한 낭비 ②입찰과정에서 계약방법, 조건 등을 충분히 검토하지 못하거나 불필요한 항목을 원가에 포함시켜 높은 가격으로 계약함 ③중복적으로 사업을 추진함에 따른 낭비 ④지역적 특색이 없고 경제 활성화에 기여하지 못하는 지역축제 난립으로 인한 낭비 ⑤유사한 연구용역 혹은 실제 업무에 별로 도움이 되지 않는 연구용역으로 인한 낭비 ⑥재정여건이나 이용 수요를 고려하지 않은 시설의 건립에 따른 낭비 ⑦민간이전경비의 방만한 예산편성 및 집행, 사후관리 부실에 따른 낭비 ⑧관행적으로 전년도 대비 증액방식으로 예산편성 후 당초 목적과 다른 용도로 사용함

⑨운용실적이 부진하거나 유사한 특별회계. 기금의 난립과 이의 과다 조성에 따른 낭비 등을 예거할 수 있겠다.

시흥시의회는 상기 유형을 참고삼아 내년도 예산안에 대한 심도 있는 검토가 이루어져야 한다. 낭비적 요소를 제거하여 예산집행의 효율을 높이고 시민 삶의 질을 개선시키는 일이야말로 시의회의 기본 책무가 아닐 수 없다. 자기들의 이익을 극대화하기 위한 관료들의 지대추구(rent-seeking)행태를 사전에 봉쇄하고 시민의 공복으로서 시민의 휘어진 허리를 받쳐주는 역할을 시민들은 기대하고 있는 것이다.

이런 점에서 시의회 의원은 행정관료 이상의 도덕성과 청렴성이 요구된다. 자신의 말과 행동이 정당하고 떳떳해야 상대방의 과오와 비리를 지적하고 시정할 수 있지 않겠는가. 대체로 지방의회에 대한 일반 국민의 평가는 그다지 긍정적이지 못한 것이 현실이다. 간간이 기초의회 무용론까지 제기되는 마당이니 당사자들은 마땅히 이를 반성의 계기로 삼아야 할 것이다.

예산심의의 계절을 맞아 시의회는 시민을 대신해서 내년도 시 살림의 계획서가 올바로 완성되도록 소임을 다해주기를 바란다. 국가재정법 제16조는 예산원칙으로 재정건전성 확보, 국민부담 최소화 그리고 재정지출의 성과 제고를 명시하고 있음을 끝으로 첨언해 둔다.

〈2013. 11. 29.〉

힘 모아 전진하려면 소통하라

지난달 말 시흥시의회는 '군자배곧 신도시 지역특성화사업 협약동
의안'을 기습 표결처리했다. 정파 간 극심한 대치 속에 합의점을 찾지
못하고 민주당 소속 시의원 주도로 본회의장 아닌 다른 장소에서 전격
처리된 것이다. 새누리당 소속 시의원들은 "날치기 통과된 협약동의안
은 원천무효"라고 즉각 반발했다. 이처럼 볼썽사나운 광경은 중앙정치
무대에서 종종 보아 온 터라 크게 놀랄 일은 아니다. 다만, 생활정치
현장인 풀뿌리 기초자치단체에서 무슨 목숨 걸 일이 있다고 육탄 활극
까지 연출했는지 의아스러울 뿐이다.

시흥시의회의 정치력 부재 심각

여야 쌍방이 '서울대시흥캠퍼스 조성사업' 자체를 반대하지 않는 이
상, 타협의 가능성은 얼마든지 열려있는 것이다. 이점에서 특히 시흥

시의회의 정치력 부재를 지적하지 않을 수 없다. 2009년 시장보궐선거 때에도 서울대 시흥캠퍼스 유치 문제는 선거판을 뒤흔든 빅 이슈였다.

2008년 초 18대 총선에서 시흥지역 민주당 국회의원 후보가 이를 선거공약으로 제시하고 이듬해 시흥시가 서울대 측과 사업MOU를 체결한 이래, 서울대 캠퍼스 문제는 시민과의 충분한 공론화 과정이 결여된 채 당파 간 공방전의 주요쟁점이 되어왔다. 시흥시의 미래가 걸린 중요 정책현안임에도 불구하고 공치사와 발목잡기 등 서로를 비난하는 행태를 지속해 온 것이다.

영예로운 선출직 공무원으로서 시의 이익과 시민의 복리를 위해 대승적 견지에서 서로 소통하며 최선의 대안을 만들어내는 모습이 얼마나 멋진 일인가. 기대와 현실이 다르다 해도 괴리가 현격하면 부작용이 생기는 법. 특히 선거철이 되면 특정 문제를 쟁점화해서 자당에 유리하도록 이용하는 사례들이 비일비재하다.

이번 사업협약동의안 기습통과도 6·4지방선거를 목전에 두고 일방이 일사천리로 밀어붙인 결과에 기인한 바 크다. 협약안 공개에서 시민의견 수렴을 거쳐 시의회 동의를 얻기까지 불과 이십여 일밖에 걸리지 않았다. 6년 이상 진행된 중요 현안을 이 시점에서 행정력을 집중하여 속결 처리한 이유와 배경이 좀 더 설명되어야 한다.

상대측의 행위도 오십 보 백보다. 새누리당 측은 '서울대 시흥캠퍼스 조성사업'을 기본적으로 반대하지 않는다면 보다 적극적으로 구체적인 대안을 제시하고 정책의 보완을 위해 노력했어야 했다.

시의회 파행사태를 보면서 누구 하나 책임지는 공무원이 없는 것도 후안무치다. 다행히 시흥시의회 의장은 "앞으로 반드시 새누리당 의원들과 긴밀한 공조를 통해 RC(기숙형 대학)와 서울대병원을 성공적으로 유치해 낼 것을 시민들에게 약속드린다."고 밝힌 점은 긍정적이다. 구두선이 아니라 진심으로 실천해 주기를 바란다.

시의회 수장으로서 당연한 책무이기도 하지만 지역정치권의 여야가 대화와 타협의 덧셈정치를 실천함으로써 시흥시의 대외 협상력도 제고될 수 있다. 함께 충분히 검토하고 추진하는 신중한 행보를 다시 한 번 강조하고자 한다.

이런 점에서 동아일보 기사(2014년 3월 7일자)가 눈길을 모은다. 내용인즉슨, '국민연금기금의 의결권행사 전문위원회'가 '만도'라는 회사의 대표이사 연임에 반대하기로 했는데, 이유는 만도가 자회사인 마이스터를 통해 부실 모기업인 한라건설 유상증자(3,385억 원)에 참여했다는 것이다. 혹시 한라건설의 재무상태에 문제점은 없는지 살펴볼 일이다.

시민의 이익을 우선하는 통 큰 정치를

앞으로 실시협약 체결까지는 7개월여의 시간이 남아 있다. 시흥시와 시의회 등 관계당국은 과거의 전철을 거울삼아 지역거버넌스를 위한 소통의 정치를 펼쳐주길 바란다.

시흥시의 여야 정치권은 시민의 소리는 물론, 서울대 측의 정중한 자제요청에도 귀를 기울여야 한다. 본인과 자당의 이해관계에 매몰되지 말고 국익과 시민의 이익을 먼저 생각하는 통 큰 정치를 지향함이 옳다. 자고로 정치꾼은 다음 선거를 걱정하고 참된 정치인은 다음 세대를 염려한다는 말을 곱씹을 필요가 있다. 지금이야말로 시민 모두 힘을 모아 전진할 때다.

〈2014. 3. 21.〉

세월호, 가정의 달 그리고 6·4지방선거

지난 5월 8일 어버이날, 진도 팽목항 부두 곳곳에 드리운 노란 리본의 물결. '엄마! 난 엄마 아들이어서 정말 행복했어요. 진짜로!'라고 쓰인 글귀가 온 국민의 심금을 울렸다. 세월호의 영령들이 남긴 마지막 메시지는 하나 같이 가족을 사랑한다는 말 한마디였다.

5월 가정의 달을 맞이하여 그들은 우리에게 가족이 얼마나 소중한 존재인가를 여실히 깨닫게 해주었다. 그것은 정녕 우리가 원하는 진정한 행복이 그 안에 담겨 있었기 때문일 것이다. 6·4지방선거운동도 막바지에 이르렀다. 후보들은 자기가 살기 좋은 시흥도시 만들기에 적임자라고 지지를 호소하고 있다. 내세우는 주의주장도 모두 그럴 듯하고 수긍이 간다.

언행일치와 건강가정, 지도자의 으뜸덕목

영국 총리를 지낸 처칠은 "정치가가 되려면 어떤 자질을 갖춰야 하느냐?"란 어느 신문기자의 질문을 받고 잠시 생각하다가 다음과 같이 대답한다. "내일 또는 내달에 무슨 일이 일어날지를 예언하는 재능이지요." 또 이어서 "그리고 훗날 그 예언이 틀린 이유를 그럴 듯하게 설명할 수 있는 재간도 필요하고요."라고 덧붙였다고 한다. 정치인에게 말주변은 병사의 소총과 같이 필요불가결한 무기임이 분명하다.

일찍이 서양에서는 사람을 움직이는 설득의 기술로 수사학(rhetoric)이 발달했다. 말 잘하는 소위 소피스트들의 간교한 언설이 정계를 주름잡고 민심을 왜곡시키기 일쑤였다. 동양도 예외는 아니어서 춘추전국시대의 경우 소진과 장의 같은 변사가 나타나 세치 혀의 위력을 유감없이 발휘했다.

그런데 말이란 신뢰가 수반되지 않으면 사단이 생기는 법이다. 설화(舌禍)가 그렇고 필화(筆禍)가 그런 것이다. 공자는 정치인의 감언이설을 극도로 경계했고 정치는 말이 아니라 덕이라고 언명했다.

서양의 공자격인 플라톤도 철인왕과 같은 지혜로운 사람이 나라를 다스려야 정의로운 국가건설이 가능하다고 보았다. 그는 정치인에게 4가지의 자질과 4가지의 금기를 강조하기도 했다.

자질에 있어서 첫째, 비전과 철학을 지닐 것. 둘째, 열정을 품을 것. 셋째, 행동이 민첩할 것. 넷째, 체력이 단단할 것을 꼽았다. 언변이나 화술을 자질로 포함시키지 않은 점이 흥미롭다.

정치인의 금기로는 첫째, 지치거나 피곤해 하지 말 것. 둘째, 재정적인 어려움이 없을 것. 셋째, 좌절하거나 후회하지 말 것. 넷째, 가정적인 문제가 없을 것을 주문하고 있다.

플라톤은 특히 강한 체력과 정신력 그리고 화목한 가정의 조건을 강조했다. 정치란 어찌 보면 스트레스와 긴장의 연속이므로 약골에게는 감당하기 힘든 애로가 있다. 건강하고 행복한 가정이 단단히 버팀목이 되어 주어야 극복하는 힘이 생긴다. 동양고전에서 가화(家和)만사성이요, 수신제가(齊家)치국평천하라고 가정의 가치를 중시하고 국가도 가정의 연장선상에서 큰 가정으로 보는 것이 서양과 별반 다르지 않아 보인다.

새 시흥호를 이끌 선량들에 거는 기대

앞으로 며칠 후면 민선 6기 새 시흥호가 시민 앞에 나타나 위용을 과시할 것이다. 승리의 기쁨에 춤을 추기도 할 것이다. 그것은 어디까지나 좋다. 하지만 자축이 끝나면 그땐 선거기간 중 시민에게 다짐하고 약속했던 공약과 정책들을 상기하고 이를 실천하는데 최선의 노력을 경주해야 한다. 선거전과 선거후가 다르지 않은 진정한 공인. 꾸준히 공부하고 연구하는 일꾼으로 시민의 신뢰와 존경을 받는 공직자가 되기를 바란다.

시민들은 이번 선거에서 시민의 공복을 뽑는 일에 적극 참여하는 주인정신을 보여주어야 한다. 나를 알아주는 사람 또는 나에게 득이 되는 사람을 뽑기보다 시민을 섬길 줄 아는 사람. 시민에게 득이 되는 사람을 선출하는 형안을 지니기를 바란다.

국민의 민도가 그 나라 민주주의 수준을 반영한다고 하듯이. 이번 6·4선거가 국가개조 차원에서 세월호로 상징되는 온갖 사회 비리와 부패 사슬을 끊어내고 자치행정을 한층 고양시키는 데 시민이 선도하는 지방선거가 되기를 바란다.

〈2014. 5. 30.〉

시흥시의회, 정책역량 더욱 높여라

　기초의회는 생활정치의 중심무대이다. 국회가 국민을 대표해 국정을 논의하고 결정하듯이, 기초의회는 주민을 대표해 기초자치단체의 중요 정책을 심의 결정하는 최고의결기관이다. 핵심 기능은 한마디로 정책의 개발과 민주적 심의결정이라고 말할 수 있다. 정책을 둘러싸고 벌어지는 토론은 정쟁이 아니라 최선 또는 차선의 결과물을 도출하기 위한 필요적 산통이라고 볼 수 있다.

　예산정책과 조례관련 입법정책이 중핵을 이룬다. 특히 예산정책은 세입세출의 기준을 세우고 자원을 배분하며 주민생활에 재정적인 영향을 미친다는 점에서 이해관계자 간 대립이 첨예하다. 저명한 행정학자 윌다브스키는 그의 명저 『예산과정의 정치』에서 예산은 정치적인 것이라고 정의했다. 정치가 정책결정과정에서 누구의 주장이 관철되느냐에 관한 투쟁이라고 한다면, 예산은 이와 같은 투쟁결과의 산술적 기록이라는 것이다.

이런 점에서 기초의회 의원은 예산정책에 관해서 전문가적 소양을 갖추어야 한다. 그래야 의정활동이 생산적이고 원활하게 진행될 수 있다. 시흥시의회에는 정책형성을 돕는 전문위원이 몇 명 있지만, 디테일을 넘어 거시적인 정책안목을 갖추는 일은 시의원의 몫이다. 하루가 멀다 하고 정책토론회가 열리는 국회의사당까지는 못되어도 차제에 시흥시의회도 각종 정책토론회가 장내에서 활발하게 펼쳐지기를 기대한다. 시민이 참여하는 정책토론의 장, 시의회! 얼마나 멋진 모습인가. 그래야 정책과정에서 주도적인 역할을 자임할 수 있지 않겠는가.

또 시의회는 공공기관은 물론, 비정부기구(NGO)와의 교류와 소통에도 힘을 쏟아야 한다. 시민사회를 추구하는 시민단체, 여론형성과 시민의 알 권리 충족을 위해 진력하는 지역언론도 소통의 대상이다. 역사적 측면에서 시민단체는 관료적 정부의 역기능을 상쇄하는 공동체적 거버넌스를 발전시켜왔으며 정론지를 표방하는 언론매체는 풀뿌리 민주주의의 성장에 결정적 영향을 제공해왔다.

한편, 최근 시선을 끈 시의회 의정활동 두 장면을 여기에 소개한다. 지난 5월 20일 제224회 임시회에서 모 시의원이 본회의 5분 발언을 통해 동료의원의 겸직문제를 지적했다. 겸직규정 위반사례에 해당한다는 것이다. 이에 대하여 해당 의원의 반론이 제기되었는데, 요지는 부동산중개업 겸직금지 규정은 조례에 없으며 법을 위반했다는 구체적인 물증과 사례를 제시하라는 것이다.

문제는 본회의장에서 공개 발언된 사안이니만큼 어떤 형태로든 시의회 차원의 사실규명과 조치가 수반되었어야 하지 않았느냐 여겨진다. 시의회는 권위에 걸맞게 자신에게 더욱 엄격하고 당당해야 하며 그 바탕 위에서 정책역량을 발휘할 수 있는 것이다.

지난 6월 23일 시의회는 제225회 임시회를 마쳤다. 부수안건으로 어느 의원이 제안한 '올바른 시정구현을 위한 특별위원회' 구성의 건이 통과됐다.

제안사유는 시장의 시정구현 방침이 집행부서에서 제대로 이행되고 있는지를 확인해야 하며 행정전반에 걸쳐 의회차원의 진상파악과 재발방지를 위해 필요하다는 것이다. 구체적인 계획안이 나오지 않아 논급하기 이르지만, 지방자치법과 시의회 조례에 근거한 기존의 행정사무감사(행감)제도와 중복되는 구석이 있어 이견이 예상되는 대목이다.

정부 내 기관 간에 건강한 '견제와 균형'은 필요하지만 혹여 힘겨루기 양상으로 진행되거나 불필요한 정쟁으로 비화되어서는 안 될 것이다. 이점 기우이기를 바라며 다만, 무엇이 시민을 위한 정책인가를 해당 기관은 화두처럼 참구하기를 권한다.

시의회는 시민의 대의기구로서 정책역량을 더욱 함양하여 시정부를 바르게 견제하며 시정부도 의회의 의정활동을 이해하고 존중하는 성숙한 자세를 보여야 옳다. 양 기관이 상호 발전적으로 상생하는 대승적 자세를 공유함으로써 시민의 신뢰와 사랑을 받는 기초 지방자치단체, 미래를 키우는 생명도시 시흥시로 우뚝 서게 될 것이다.

〈2015. 6. 26.〉

자치분권 개헌이 진정 필요한 이유

　10차 헌법 개정 움직임이 가시권에 들어오면서 개정 헌법에 지방분권 조항을 강화해야 한다는 목소리가 커지고 있다. 현행 헌법은 제117조와 118조 2개 조항에서만 원론적 수준의 지방자치를 규정하고 있을 뿐 자치분권 실현을 위한 입법의지가 미약하다는 지적을 받아왔다. 특히 '법령의 범위 안에서 자치에 관한 규칙을 제정할 수 있다'는 117조의 자치입법 규정은 법률과 시행령 우선에 따른 제한으로 자치입법권을 지나치게 축소시킨다는 주장이 제기되었다.

　지난 달 21일, 전국의 광역·기초단체장과 지방의회 의원들이 참여하는 소위 '지방자치 4개협의체'는 '지방분권 헌법개정 촉구를 위한 공동성명'에서 지방자치제도 부활 이후 20여 년 동안 행·재정권한이 중앙정부에 편중돼 자치권이 제한되고 지방자치의 가치가 훼손되고 있다고 주장했다. 또 새 헌법에 대한민국이 지방분권국가임을 명시하고 지방자치단체란 명칭도 지방정부로 바꾸어, 중앙정부와 대등한 협력관계를 구축하는 등 국가운영시스템의 근본적인 변화가 필요하다고 강조했다.

같은 날. 경기도시장군수협의회는 지방분권개헌 경기결의대회 공동추진과 2017년 지방재정발전협의회 T/F구성에 관한 안건을 가결했다. 이에 앞서 지난 1월. 경기도의회의장은 국회를 방문하고 국회의장을 만나 '지방자치와 지방분권 강화를 위한 헌법개정촉구 건의안'을 전달한 바 있다. 여기에서 경기도의회의장은 "중앙정부의 형식적. 소극적인 태도로 인해 지방의 권한과 재정분권은 심각한 불균형을 이루고 있다."며 "불합리한 통치구조를 재정립하고 지방분권을 확립하는 명문규정을 새 헌법에 넣어야 한다."고 역설했다.

주요 대선주자들도 대부분 지방분권형 개헌에 대해서 동조 내지 긍정적인 입장을 표명하고 있다. 제왕적 대통령제의 폐단과 그 한계를 익히 보아온 만큼. 자치와 분권을 구현하는 권력의 합리적 분산에 공감하지 않을 수 없을 것이다.

외국의 입법례를 보면. 대부분의 선진국들은 자국의 헌법에 지방자치의 적극적 순기능을 확대하는 추세에 있다. 프랑스의 경우. 2003년 수정된 헌법 제1조에서 '프랑스는 단 하나의 공화국이며 공화국의 행정체제는 지방분권체제로 구성된다'고 명시하고 지방자치 관련조항을 12개나 두었다.

새로운 대목은 연방국가에서처럼 의회에 지방정부를 대표하는 상원을 설치하여 입법정책 결정과정에 지방의 이해관계가 반영되도록 하고 있나는 점이다.

또 수정헌법 72조는 '지방정부는 법률이 정하는 조건에 따라 자유롭게 이용할 수 있는 재원을 가지며 법률이 정하는 한도 안에서 지방정부가 과세표준과 세율을 정할 수 있다'는 내용을 담아 재정자치권을 상당 수준 보장하고 있다.

스웨덴의 경우. 스웨덴 기본법(헌법)의 하나인 정부조직법 제1조에서 '스웨덴 민주주의는 의회와 지방자치정부를 통하여 실현된다'고 규정함으로써 지방자치제의 위상을 대의제와 동격으로 간주하고 있다.

다음으로 독일의 경우를 살펴보도록 하자. 독일은 제각기 정체성이 강한 16개의 주로 구성된 연방국가이다. 각 주는 연방 아래에 있는 국가이면서 동시에 연방과 유사한 국가로서의 지위를 가진다. 연방과 주 사이의 관계가 연방의 국가권력과 주의 국가권력으로 구분되므로 입법권의 적정 배분이 핵심고리이다. 주정부는 주 헌법의 테두리 내에서 연방정부의 간섭 없이 독자적으로 주 업무를 수행한다.

독일의 지방자치제는 다른 연방국가인 스위스나 미국처럼 자치권이 가장 두드러지게 나타나는 정치형태라고 볼 수 있다. 물론 독일의 지방자치제를 언급할 때에는 각 주에 속한 지방자치단체인 크라이스(Kreis)와 게마인데(Gemeinde)를 중심으로 논의하는 것이 보통이다.

아무튼 현재의 독일 지방자치제는 단일국가인 우리나라와는 적지 않은 차이점을 보이고 있는 것이 사실이다. 남북분단의 장기화로 민족적 동질감과 정체성이 많이 퇴색되어 가는 상황에서 우리는 어떻게 조국의 평화적 통일을 이루어낼 것인가라는 큰 물음 앞에 지방자치의 미래를 설계하는 혜안이 필요하다고 본다. 이점에서 독일 연방국가의 지방자치제는 우리에게 매우 의미 있는 시사점을 던져주고 있다고 생각한다.

〈2017. 3. 10.〉

시의회 사태를 지켜보는 시민의 눈

근자 계속되고 있는 시의회 파행사태를 목도하면서 아마도 이번 사건은 시흥시정사에 대표적인 갈등관리 실패사례로 기록될 듯싶다. 비단 우리 시뿐만 아니라 나라 전체에 걸쳐 정책적 난제들이 속출하고 정치적, 사회적 갈등이 높아지고 있는 추세다.

하지만 이런 때일수록 시정부는 시민주권의 수임기관으로서 그 역할과 책무에 만전을 기해야 할 것이다. 주지하다시피, 시흥시의회는 지난 달 제243회 임시회에서 스스로 뽑은 의회의장을 불신임하는 의안을 가결시킨 바 있다. 그리고 이에 불복하여 사건이 법원으로 옮겨지고 곧이어 불신임안 의결을 효력 정지시키는 결정이 내려졌다.

시의회를 둘러싼 일련의 사태를 지켜보면서 불편한 심정을 지울 수 없다. 도대체 무슨 일이 어떻게 잘못되었기에 이 지경이 되었는지 의아스럽고 한편으론 실망감과 무력감이 가슴 깊이 스며드는 기분이다. 과연 시흥시의 위정자들은 시민이 안중에나 있는지 묻고 싶다.

불문곡직하고 선출직 의회 수장이 같은 의원들로부터 불신임을 받았다는 사실 자체가 예삿일이 아닐진대, 복기하는 자세로 사건의 전말을 돌아보고 위기를 기회로 삼는 지혜를 발휘할 때다.

이번 시의회 파행은 예산정책 문제가 돌연 불신임카드라는 인사문제로 급전됨으로써 회복 난망의 파국을 맞았다. 시 집행부의 특정예산 미집행을 빌미로 야기된 기관 간 정책 대립이 242회, 243회 임시회를 거치면서 시의회 내부의 권력투쟁으로 변질된 것으로 분석된다.

원래 지역정치의 중심무대인 지방의회는 정책현안을 둘러싸고 활발한 찬반토론이 펼쳐지는 곳이다. 따라서 싸움 그 자체를 무조건 비난할 수는 없다. 또 시비를 가리는 과정에서 고성과 욕설이 오갈 수도 있다.

다만, 싸움을 하더라도 국가기관으로서 그럴만한 대의와 명분이 있어야 하며 비례원칙에 따른 금도가 수반되어야 하는 법이다. 아울러 시민이 이해하고 납득하는 수준에서 사유와 절차가 투명하고 타당해야 한다.

우선, 시 집행부는 일견 갈등의 중심에서 비켜선 듯 보이지만, 갈등의 원인 제공자로서 과실이 없었는지 반추해 볼 필요가 있다. 의회를 통과한 특정 예산의 조속한 집행을 요구한 시의회에 대하여 얼마나 성실히 대응하고 소통의 노력을 기울였는지 자문해 보기 바란다. 집행부의 해명에도 불구하고 시의회가 단호히 '의회를 무시하는 행위'라고 비난한 것으로 보아, 적극적인 소명과 설득노력이 부족하지 않았나 싶다.

다음, 의장 불신임안의 이유를 살펴보면, '의상이 갈등해소를 위한 중재 노력을 하지 않고 시의회를 방치했다'는 사실을 명시하고 있다. 의장이 역할기대에 부응하지 못한 점을 문제 삼아 정치적 책임을 묻는 일은 일을 수 있는 일이다.

법치행정에 순치된 집행부와는 달리, 시의회는 권력의 장(power field)에서 정책역량을 마음껏 발휘할 수 있으며, 특히 의회의장은 기울어진 현 권력구조를 염두에 두고 시민을 대변하는 의원들의 목소리에 귀를 기울이는 성심을 보여야 한다. 때로는 과감히 거중조정을 자임하는 협상능력도 지녀야 한다.

의장이 조정자 역할을 충실히 하지 않고 시의회를 방치했다는 지적은 의장으로서 상황대처가 안이하고 미온적이지 않았느냐는 의혹을 살만하다. 용하게 의장은 조치의 부당성을 법원에 호소하여 법률적 책임이 유보되는 일단 효력정지란 성과를 얻어냈다. 하지만 정치인은 법률적 책임 못지않게 정치적 책임이 큰 것이므로 그의 정치적 입지는 그만큼 좁아질 수 있다.

끝으로, 당해 불신임안을 가결시킨 의회 내 다수세력을 살펴보자. 그들이 집행부에 대하여 특정 예산 미집행을 질책하고 시정을 요구한 일은 나무랄 데가 없다. 다만, 집행부의 해명과 반응을 얼마나 진지하게 검토했는가의 문제는 남는다.

견문발검이라고 모기 보고 무리하게 칼을 뺀 형국을 만들지는 않았는지, 그리고 다른 대안은 전혀 없었던 것일까 하는 아쉬움이 남는다. 정책결정과정에서 신중함(prudence)은 정책성패를 좌우하는 관건임을 잊지 말자.

〈2017. 4. 7.〉

고전에서 배우는 시민의 자치역량

　서양정치사의 큰 흐름을 제도적 측면에서 보면 대체로 왕정에서 입헌군주제로, 그리고 입헌군주제에서 민주공화정으로 변화해왔음을 알 수 있다. 근대 이후 서양의 영향을 받아 우리나라도 헌법 제1조에서 보듯이 국가운영의 으뜸원리로 민주공화국임을 천명하고 있다. 주권이 국민에게 있으며 다수가 함께 통치한다는 민주공화국은 국민자치의 다름 아니다. 여기에서 자치의 영역을 지방으로 옮기면 국민자치는 주민자치로 치환된다.

　자치에 대한 담론의 하나로, 일군의 학자들은 인간본성에 대한 연구 결과를 토대로 다음과 같은 주장을 펴기도 한다. '인간은 자율적인 결정을 선호하기도 하지만, 때로는 국가나 지도자에게 의지함으로써 편안함을 추구하고 마음의 행복이 그 가운데 있다고 믿는다'는 것이다.

　독일 프랑크푸르트학파에 속하는 프롬은 그의 저서 『자유로부터의 도피』에서 인간본성의 두 측면을 새디즘(가학증)과 매조히즘(피학증)으로 나누고 이것이 시대상황과 결부되어 자치와는 정반대의 정치적 결과가 빚어질 수 있다고 설명했다. 근현대사에 나타난 전체주의와 파시즘의 대두가 그렇다는 것이다.

미국의 행정학자이며 시민운동가였던 윌슨은 그의 저서 『행정의 연구』에서 주민자치로 인한 비효율성을 지적하고 능률성을 제고시키기 위한 행정개혁운동이 필요하다고 역설했다. 주민자치의 본산 격인 미국의 정치행정풍토에 이의를 제기한 셈이다. 하지만 주민자치에 대한 미국 국민의 지지와 열망은 여전했고 유럽 왕정이나 군주제의 폐해를 경험한 이민자들로서는 어떠한 대가를 치르더라도 자치를 고수하려는 의지가 강했다.

프랑스 정치학자 토크빌은 1831년 미국 동부일대를 여행하면서 주민자치가 활발히 운용되는 현장을 목도하고 그 소회를 그의 명저 『미국의 민주주의』에서 소상히 밝혔다. 당시 자유주의를 구가하던 유럽 국가들이 평등 확대를 요구하는 민주주의 물결로 심한 몸살을 앓고 있을 때. 오히려 신생국가 미국에서 그 위험스런 민주주의가 보란 듯이 실현되고 있는 모습에 그는 적잖이 놀랐다.

토크빌은 프랑스를 비롯한 유럽 제국과 달리, 미국에서 전개되고 있는 이러한 현상의 배경에 대해 주목했다. '미국인은 진정으로 자치를 원하며 또 이를 실천하고 있는가?'라는 본질적 질문에 명료한 답을 제시함으로써 토크빌은 일약 세계적 석학으로 발돋움했다.

그의 답변은 풀뿌리민주주의라는 문화적 차별성이 민주국가를 가능하게 했다는 것이다. 토크빌은 시민의 참여와 사치역량이야말로 미국의 민주주의와 지방자치를 이해하는 키워드라고 보았다. 그는 경제적 요소보다 문화적 요인에 착안했고 문화적 전통의 형성배경에 대해 다음과 같이 말했다.

'미국이란 새로운 나라가 탄생하는 과정이 소규모의 마을단위로 시작하여 주가 형성되고 또 몇 개의 주가 모여 연방국가로 발전하였다. 이처럼 아래로부터의 자발적인 움직임이 미국 특유의 정치문화전통으로 자리 잡히게 된 것이다.'

그는 풀뿌리민주주의가 민주공화국으로의 이행에 도움이 되는 한, 주민자치는 더 강화되어야 한다고 주장했다.

한편, 한국의 지방자치를 토크빌의 관점에서 바라보면 어떤 평가를 내릴 수 있을까. 오랜 중앙집권적 전통과 자치문화의 빈곤을 생각할 때 우리나라의 지방자치의 전망은 결코 밝다고는 말할 수 없다. 자율성보다 타율적인 문화전통이 지배하는 이상, 주민자치의 비전은 희미해질 수밖에 없으며 이는 일부학자들이 갖고 있는 경계심의 근거이기도 하다.

지방자치의 발전을 위해 무엇이 우선되어야 하는가. 즉 제도적 지방분권이냐, 정치행정문화 개선이냐에 대한 논의는 이젠 진부한 논제에 속한다. 제도와 문화는 상호 교호적인 관계이고 양자는 선후관계를 넘어 동시에 진행되어야 마땅한 것이다.

무릇 유럽의 여러 나라들이 나름의 방식으로 현재와 같은 수준의 지방자치를 일구어낸 점에 주목할 필요가 있다. 유럽은 미국과는 대조적으로 제도자치를 기반으로 해서 주민자치의 요소를 강화하는 방향으로 지방자치를 발전시켜 오고 있다. 내년으로 다가온 지방선거와 개헌 국민투표가 우리나라 정치발전에 전향적이고 긍정적인 기폭제가 되기를 바란다.

〈2017. 9. 8.〉

제3부

녹색-생명도시, 시흥시

개성 있는 환경관광도시로 발돋움해야

현대사회를 개성시대라고도 한다. 대량 생산체제인 포디즘(fordism)이 퇴조하고 뒤이어 등장한 포스트 포디즘(post-fordism)은 소량 다품종 생산과 디자인을 중시하게 되었다. 이는 능률에서 개성으로 패러다임이 바뀌는 의미가 있다. 개성화 사회는 사람의 관심이 물질적인 부를 넘어 문화, 가치, 느낌, 생각 등 주관적인 삶의 의미에 포인트를 두고 각자의 꿈을 디자인하는 사회를 통칭한다. 개성화의 논리는 도시문제도 예외가 아니다.

도시의 개성은 그 도시가 지닌 자연적, 문화적, 역사적, 사회적 조건을 토대로 도시가 빚어내는 고유의 정체성이라고 말할 수 있다. 효율적으로 잘 설비된 도시기능, 아름다운 색채와 스카이라인, 전통과 현대가 어우러진 독특한 문화양식 그리고 자연경관을 고려한 토지의 이용 등이 여기에 포함된다.

좋은 도시설계(urban design)는 무엇보다 자연과의 조화가 기본요건이다. 그런데 아무리 도시가 아름다운 공간구조를 가지고 있다 하여도 공해와 환경오염이 심하다면 가고 싶고 머물고 싶은 환경관광도시가 되기는 어렵다.

시흥시의 인구는 1989년 초, 10만 명이던 것이 현재는 40여만 명으로 증가. 무려 4배를 상회하는 급성장을 이루었다. 시 면적은 7할 이상이 푸른 녹지로 되어 있어 서부 수도권의 전원도시, 환경관광도시로서의 잠재력을 갖추고 있다.

시흥시의 입지를 보면, 수도 서울에서 서해안에 이르는 가장 지근거리에 위치한 곳으로 18km의 해안선과 해양관광레저 자원을 가지고 있다. 확충된 도로망과 비교적 쾌적한 주거환경은 장래 환경관광도시로의 발전가능성을 보여주고 있다.

반면, 시흥시는 도시의 구심점이 형성되어 있지 못하고 대중교통 여건이 미비한 점, 도시기반시설이 빈약한 점 등이 도시기능의 효율성을 저해하는 요인으로 지적되고 있다. 개성 있는 환경관광도시로 발돋움하기 위해 시흥시가 고려해야 할 고려사항 두어 가지를 짚어 보고자 한다.

우선적으로 개성과 정체성을 지닌 시흥시를 시민과 함께 만들어 나가는 일이다. 도시 정체성의 주요 요소인 시흥사람, 시흥이미지, 시흥문화를 어떤 콘셉트와 콘텐츠로 구성하느냐를 진지하게 고민해야 한다.

다음으로 집중과 선택의 전략에 따라 도시브랜드의 가치를 높이는 일이다. 싱그러운 자연 녹지대를 배경으로 넉넉한 공간과 도시미관은 시흥시의 비교 우위적 강점이다.

'환경산업은 관광산업이다'라는 말이 있듯이, 친자연적, 친환경적 이점을 최대한 활용하여 국제적 관광도시로 뻗어나갈 필요가 있다. 이를 위해 시흥시는 대표적 관광명소를 재배치하고 벨트화하는 동시에 적극적인 관광마케팅을 전개함이 옳다.

시화방조제, 오이도를 기점으로 옥구공원, 군자매립지, 월곶포구를 거쳐 갯골생태공원, 연꽃단지, 물왕저수지에 이르는 역 V 자 모양의 관광벨트라인을 상정해 볼 수 있을 것이다. 매력 있는 관광브랜드 도시로서 경쟁력을 키우려면 시당국의 전향적인 정책비전과 의지가 뒷받침되어야 한다.

서울시는 'U-서울디자인2010'을 내세우며 현재 세계 35위에 머물고 있는 도시경쟁력을 2010년에는 세계 20위로 도약시킨다는 계획을 추진하고 있다. 최근 '창의시정'이란 캐치프레이즈 아래, 창조적인 디자인도시 만들기에 서울시민이 합심하여 호응을 하고 있는 점은 시흥시민에게 타산지석이 될 수 있을 것이다.

〈2008. 1. 24.〉

자전거 녹색바람의 허와 실

　바야흐로 저탄소 녹색성장의 추구는 어느 나라, 어느 도시를 막론하고 거스를 수 없는 시대의 조류가 된 것 같다. 전 지구적인 녹색혁명의 바람이라고 할까. 그렇다면 왜 탄소라는 물질이 지구 환경오염의 주범으로 타격 대상이 되었는가. 설명을 하자면 약간의 자연과학적 지식이 필요하지만, 쉽게 상식적 차원에서 접근해 보자.

　여기서 탄소는 탄소화합물인 CO_2(이산화탄소)를 주로 지칭하는데, 이것이 바로 온실가스의 대장 격으로서 지구온난화의 원흉으로 지목받게 된 것이다. 일명 탄산가스로 불리는 CO_2는 인체에는 아무런 해를 주지 않는다. 그런데도 문제가 되는 것은 석유 등 화석연료의 연소과정에서 발생하는 CO_2가 대기권의 상층부로 올라가 두터운 온실가스층을 형성하기 때문이다. 그래서 지열의 상승 흐름이 막혀 복사열로 환류 되고 결국 지구가 온난해지는 효과가 발생하는 것이다. 지구온난화는 예측하기 어려운 기후변화를 초래한다는 점에서 반드시 해결해야 할 환경과제로 대두했다.

최근 국토해양부는 '저탄소 녹색도시 조성을 위한 도시계획 수립지침'을 작성하여 시행에 들어갔다. 이에 의하면, 앞으로 도시계획을 세울 때에는 온실가스 배출을 줄이고 에너지 효율을 높이는 도시설계를 해야 한다.

또 도시 공간구조를 개편할 때는 보행자와 대중교통을 위주로 설계해 에너지를 최대한 절감하도록 의무화하고 있다. 교통부문에서 온실가스 배출량이 전체 배출량의 20% 이상을 차지하고 있는 것만 보아도 좌시할 수 없는 일이다. 보행자와 대중교통의 범주에 당연히 자전거 활성화대책이 포함된다. 배출가스가 전혀 생기지 않는 자전거 이용의 활성화야말로 시민들의 건강증진은 물론, 온실가스 저감에도 혁신적인 일이 아닐 수 없다. 현재 자전거 교통분담율은 전국 평균 1.2% 수준을 넘지 못하고 있다.

문제는 우리 지역실정에 맞는 최적의 정책대안과 자전거 인프라를 어떻게 구축하여 지속적인 성과를 내느냐 하는 것이다. 모든 정책이 그러하지만, 일단 정책의제가 결정되고 예산이 확보되어 집행에 들어가면 정책평가가 주기적으로 이뤄져야 한다. 현장실사를 통한 실태파악과 DB구축, 이를 토대로 한 문제점과 개선방안이 도출되어야 함은 물론이다.

이와 관련하여 구체적 실례를 한두 가지 들어 보도록 하자. 시청 경내 주차장은 언제나 차량으로 가득 차 있다. 있어야 할 자전거 거치 장소는 눈에 띄지 않고 자전거도 별로 보이지 않는다. 정작 솔선수범해야 할 공무원들은 말할 것도 없고 일반 시민들조차 자전거타기를 즐겨하지 않는다.

대부분의 아파트 풍경도 이와 크게 다르지 않다고 본다. 자동차 주차시설에 비해 자전거 편의시설은 아주 빈약하고 요즘처럼 늘어나는 자전거를 수용하기에는 턱없이 부족하다. 도난의 우려도 있어 아파트 계단 난간에 매어 놓으면 소방법에 저촉된다며 관리사무소의 이전 독촉이 이만 저만이 아니다.

대체로, 자전거 타기는 레저나 스포츠 용도를 제외하면 다소 불편하고 위험하며 도난당하기 쉬운 교통수단임에 틀림없다. 자전거 타기 활성화를 위해 시가 먼저 전향적인 자세를 취할 필요가 있다. 예를 들면 아파트나 지역 단위로 관련예산의 일부를 자전거 시설보조금으로 균등 지원하는 방안도 고려해 볼 수 있을 것이다.

요컨대, 자전거 하드웨어 인프라 구축을 위해서는 예산확보가 선결조건이다. 소프트웨어적 운영 측면도 간과할 수 없는 대목이다. 즉, 관계법령의 정비와 조례 보완, 거버넌스 협력체제 강화, 교육과 홍보, 단체장의 지휘관심 등은 없어서는 안 될 운영 요소이다. 이점에서 시흥시는 약점보다 강점이, 위협보다 기회요인이 많다고 본다.

2007년을 전후하여 시정부와 시의회, 시흥의제21, 선구적인 지역신문. 관련 NGO가 꾸준히 거버넌스적 노력을 기울인 결과임을 평가한다. 아무쪼록 요원의 불길처럼 타오르는 자전거 녹색바람이 좋은 결실을 맺기 바란다.

아울러 자전거 타기가 편리하고 안전하며 건강에도 좋은 교통수단임을 시민 모두가 공감하는 가운데 시흥시민이 그 선두주자임을 스스로 자랑스럽게 여길 수 있도록 시흥시는 시민과 함께 지속가능한 녹색 도시의 실현을 위해 노력하기를 기원해 마지않는다.

〈2009. 7. 30.〉

시흥의제21과 환경거버넌스

UN이 창설된 후 수행한 여러 가지 업적 가운데 단연 압권은 1992년 6월 UN환경개발회의(일명 리우회의)에서 채택된 '리우선언'과 '의제(Agenda)21'이 아닐까 싶다. 인류의 생존기반을 위협할 정도로 오염되고 파괴되어가는 지구환경을 살리고자 한 자리에 모인 역사적 지구정상회담은 선진국과 개발도상국간의 견해 차이를 극복하고 환경적으로 건전하며 지속가능한 개발이 인류 공동의 목표임을 천명했다. 또 구체적인 행동계획으로 150개의 프로그램과 2,509개의 환경보전 관련활동들을 담은 하나의 거대한 문서, '의제21'을 탄생시켰다.

환경문제는 지방정부의 역할이 필수적

특기할 것은 환경문제를 해결하기 위해서는 지방정부의 역할이 필수적이라고 보고, UN은 의제21의 작성과정에 지방자치단체의 적극적

참여를 바라고 있다는 점이다. UN환경개발회의의 핵심가치인 지속가능한 개발을 이루어낼 실제적 책임기관으로 지방자치단체를 주목했다. 의제21에 명시되어 있는 내용의 70% 정도가 지방정부의 도움 없이는 해결하기 어려운 사안이다.

'의제21'의 제28장을 보면, 각국의 지방정부는 주민협의를 거쳐 '지방의제21'을 작성하기로 되어 있다. 특히 주민협의를 통한 작성과정이 내용 못지않게 중요시되고 있다. 그도 그럴 것이 단순한 선언에 머물지 않고 명실상부한 환경보전 실천강령이 되기 위해서는 지역사회의 다양한 목소리를 수렴한 민주적인 합의에 도달해야 하기 때문이다. 이에 따라 지방의제21은 시민, 기업, 그리고 지방정부가 서로 협력하여 협치를 하는, 소위 환경거버넌스(governance)에 주안을 둔다. 여기에서 시민이 강조되는 이유는 명백하다. 지구환경보전과 지속가능한 개발이란 명분도 실천주체는 어디까지나 시민개인이 될 수밖에 없기 때문이다. 또한 기업이 강조되는 이유는 오염물질을 배출하는 기업들의 참여와 협조 없이는 소기의 성과를 기대하기 어렵기 때문이다.

2011년도 시흥의제21 정기총회가 지난달에 열렸다. 금년도 사업계획과 예산안이 확정되고 올해 시민실천사업으로 '시흥갯골 습지보호사업', 'EM마을 만들기사업', '이야기가 있는 우리마을 보물찾기사업'이 선정되었다. 그리고 이를 추진할 기구로 3개의 시민실천단이 구성되었다.

민·관거버넌스 강화를 위해 기존의 2개 분과를 하나로 묶어 민간부문과 행정부문의 실무자가 함께 참여하는 '지속가능발전 정책위원회'가 신설되었다. 대체로 조직과 기능, 효율성과 건강성의 면에서 개선의 노력을 기울인 점이 엿보인다. 다만, 환경거버넌스의 한 축인 기업 관련 실천사업이 제외되어 다소의 아쉬움이 남는다.

'시흥의제21'의 지속적 발전을 위해 두어 가지 조언을 덧붙이면 다음과 같다. 첫째, 시흥의제21에 대한 자치단체장의 관심과 공무원들의 참여가 무엇보다 중요하다. 그들에게 환경정책과정에서 주민참여를 유도하고 환경거버넌스를 실행하는 일이 최우선의 집행업무라는 사실을 인식하도록 해야 한다. 제도의 보완과 예산의 확보도 필요한 사항이다.

시흥의제21에 대한 평가시스템 정립해야

한편, 지역주민과 환경단체들은 거버넌스의 한 축으로서 적극 참여하며 주도적인 역할을 수행하여야 한다.

또한 시흥의제21에 대한 평가체제의 구축이 필요하다. 환경정책의 성과를 주기적으로 정확히 체크하는 평가시스템이 있어야 관계자들의 관심과 동기유발의 효과는 커진다. 자기에게 부여된 과업의 업무성과가 정당하게 평가받고 공정한 상벌이 뒤따른다면 정책의 실현가능성은 한층 높아질 것이다.

아무쪼록 시흥시가 생명도시의 책원지로서 지역의 환경정책을 펴나

가는데 중앙정부나 다른 도시들보다 더 능동적이고 전향적인 자세를
갖고 지역의 환경보전에 앞장서 수기를 바라마지 않는다.

〈2011. 3. 11.〉

생명도시 꿈 키우는 '갯골'과 '연꽃' 두 축제

시흥갯골축제와 연꽃테마파크 페스티벌이 8월 12일부터 3일간 동시에 개최된다. 올해로 여섯 번째인 갯골축제가 열리는 갯골생태공원이 조성공사가 채 마무리 되지 않았는데 거르지 않고 축제를 연다고 하니 다행스러운 일이다. 예년과 달리, 민간 주도로 열리는 이번 행사는 '자연 속의 사람, 사람 안의 자연'을 주제로 정하고 '열려라! 갯골'을 부제로 하여 내실 있는 행사를 준비하고 있다고 한다.

옛 시흥의 정취 오롯한 갯골을 따라

갯골을 배경으로 축제의 막이 오르고 갯바람과 푸른 갈대숲이 손짓하면, 옛 소금창고의 정겨운 추억을 한껏 맛볼 수 있을 것 같다. 아니면 월든 호숫가 숲속을 거니는 헨리 소로우의 모습을 떠올리며 또 다른 이별을 꿈꿀 수도 있을 것이다.

소로우는 그의 작품 『월든』에서 이렇게 외쳤다. "내가 소중히 여기는 것은 얽매임이 없는 자유이고 경제적으로 넉넉하지는 않지만 나는 행복하게 살아갈 자신이 있다. 값비싼 양탄자나 호화가구들을 살 돈을 마련하기 위해 내 귀한 시간을 허비하고 싶지 않다." 이어서 "간소하게, 간소하게, 간소하게 살아라! 바라건대, 여러분이 하고 있는 일을 두 가지나 세 가지로 줄일 것이며 백 가지나 천 가지가 되도록 놔두지 말라."고 역설했다.

갯골축제의 테마를 연상시키는 소로우의 소박한 생활철학은 축제를 기대하는 모든 이들에게 마음의 양식을 제공하기에 충분하다. 그는 월든 숲 속에서 꽃과 새, 나무벌레를 관찰하며 사색과 명상에 빠지곤 했는데 그때의 생활이 결코 고독하지 않았다고 술회했다.

시흥의 갯골습지에는 많은 갯벌생물들이 서식한다. 집게다리 하나가 유난히 큰 농게와 진흙 속 생물을 먹고 사는 방게가 있고 이들의 천적인 마도요 새가 있다. 산림청의 희귀식물로 지정된 모새달 군락지가 고르게 퍼져 있고 그 사이사이로 퉁퉁마디, 칠면초가 낯빛을 낸다. 모시조개, 맛조개가 기지개를 펴는가 하면, 아가미가 특별해서 물밖에 나와도 오래 머물 수 있는 망둥이란 놈도 눈길을 끈다. 조류에 따라 밀물과 썰물이 12시간 터울로 넘나들며 시시각각 변화하는 갯골의 풍경은 경이와 감동을 자아내게 한다. 세계에서도 보기 드문 사행성 내만 갯골의 생태자원을 잘 보호하여 시흥을 찾는 모든 이들에게 유익과 기쁨을 선사하는 일은 시흥시민의 행복한 의무가 아닐 수 없다.

갯골축제와 함께 열리는 연꽃테마파크 페스티벌은 이날의 축제분위기를 한층 고양시키기에 부족함이 없다. 시흥시 향토유적 8호인 관곡지를 중심으로 그린웨이 양 섶의 연밭들을 아우르는 연꽃테마파크는 '연성동'이란 이름이 시사하듯 우리나라에서 처음 연꽃재배가 시작된 곳이다. 조선 전기 농학자인 강희맹 선생이 중국에서 연꽃 씨를 들여와 관곡지에 씨를 뿌린 후 점차 전국으로 확산되었다고 한다. 지금은 지방 곳곳에 연꽃단지가 조성되어 전국 최초의 타이틀이 무색해졌지만 시흥에서는 여전히 시민의 사랑을 받는 대표적인 꽃이다.

화중군자(花中君子) 연꽃이 향긋한 계절

"내가 유독 연꽃을 사랑하는 이유는 진흙에서 나왔으나 더러움에 물들지 않고, 맑은 물에 씻겨도 요염하지 않으며, 줄기 속이 뚫려 있으되 꼿꼿하고, 향기는 멀리 갈수록 더욱 맑다. 가히 연꽃은 꽃 중의 군자라 할 수 있다."라고 송나라 유학자 주돈이는 연을 그렇게 찬탄했다.

예로부터 우리 조상들은 연꽃을 각별히 사랑했다. 연은 우리 생활 속에 깊숙이 뿌리를 내려 이름과 지명, 건축물 등에서 쉽게 발견할 수 있다. 연꽃은 사실 외적인 아름다움보다 내면에 그윽한 향기를 품고 있는 꽃이다. 순백의 백련을 보노라면 그 우아한 자태에 매료되어 절로 마음이 정화되는 것은 그 때문일 것이다. 성하의 8월, 낮과 밤을 수놓을 갯골, 연꽃축제에 참가하여 몸과 마음을 흠뻑 적시고 무더운 한여름을 청량하게 보내길 바란다.

〈2011. 7. 29.〉

실내환경의 공기질 왜 중요한가

사람은 평균적으로 하루에 약 1~1.5kg의 음식물을 섭취하고 2kg의 물을 마신다. 공기는 그 10배에 달하는 약 10~13kg을 마시며 산다. 단 몇 분만 호흡을 멈추어도 곧 사망에 이를 만큼 공기는 그렇게 중요하다.

현대인들이 주로 생활하는 공간을 살펴보면, 실외보다 실내공간이 훨씬 많음을 알 수 있다. 가정은 물론이고 직장에 출근해서도 건물 밖에서 활동하는 시간보다 사무실이나 공장, 작업장 등 건물 안에서 활동하는 시간이 대체로 많다.

그러나 우리는 외부 공기, 즉, 대기환경에 있어서는 특별한 관심을 가지고 오염에 민감한 반응을 보이지만 실내 환경에 대해서는 등한시해 온 것이 사실이다. 실내공기의 오염은 자연적인 희석률이 높은 대기오염과는 달리, 공기가 실내에서 지속적으로 순환되면서 더 나빠지는 경향이 있어 유해성은 그만큼 더 크다고 하겠다.

실내공기질 문제의 역사적 맥락

실내공기질(IAQ: Indoor Air Quality)은 실내공기의 오염정도를 나타내는 용어로 사용되고 있다. 실내공기의 오염은 특히 불특정 다수인이 많이 모이는 다중이용시설과 신축 공동주택 등에서 집중적으로 발생하고 있다. '다중이용시설 등의 실내공기질 관리법'에 대한 끊임없는 개정보완 시도는 여기에 기인한다고 볼 수 있다.

19세기 이전까지 사람들은 깨끗한 공기가 오염된 공기보다 건강에 좋다는 사실을 알면서도 실내공기질 문제에 대해 무감각했다. 1781년 라보아지에(Lavoisier)가 몸의 신진대사에서 산소 소비와 이산화탄소 배출 사이의 정량적 연관성을 밝힌 이후 지금까지 이산화탄소의 농도가 실내 환경의 공기질을 나타내는 대표적 지표로 사용되어 왔다.

실내공기질에 대한 국제적 이슈는 1960년경에 제기되었다. 1960년대 후반에 라돈문제가 등장하였으며 1970년대 후반에는 주택진드기와 빌딩증후군 등이, 1980년대와 1990년대에는 실내공기질 관련 알레르기가 과학적 의제로 대두되었다.

2000년 이후에는 세계보건기구(WHO)가 개발도상국가에서의 바이오매스 연소에 따른 폐해를 지적하고 실내 조리과정에서 발생하는 연기와 환기 불량으로 매년 2백만 명 이상이 죽어간다고 추정하기도 했다. 또 세계보건기구는 지구 전체 건물의 약 30%는 실외공기보다 실내공기로 인하여 건강위험이 최고 5배까지 높게 나타난다고 지적했다. 따라서 실내공기를 단순한 '오염물질관리'차원에서 벗어나 UN헌장에서 명시하고 있는 '인간의 기본권'차원으로 격상해 다루어야 할 것이라고 주장했다. 세계보건기구는 2000년 5월에 '건강한 실내공간에 대한 권리'(the right to healthy indoor air)라는 선언문을 채택했다.

한편, 국내적으로는 1970년대 이후 실내공기질에 대한 사회적 관심이 일기 시작하였다. 1980년 이후 지하철 등 지하공간에서의 실내공기질 문제가 이슈화됨에 따라 비로소 실내공기질에 대한 환경기준안이 마련된다.

1980년대 중반 이후 실내 공기오염은 한층 더 악화되고 있는 추세다. 건축자재의 기능향상을 위한 복합 화학물질의 사용과 에너지 절약을 위한 실내공간의 밀폐화로 새집증후군, 복합 화학물질 과민증 등을 유발하는 실내 오염원이 증가하고 있기 때문이다.

환기와 통풍, 실내 공기정화에 힘써야

가장 이상적인 실내 환경은 실내에 거주하는 사람이 최대한 쾌적한 기분을 느낄 수 있는 환경이다. 이를 위해서는 시민 개개인이 나 자신과 내 가족의 건강을 위해 구체적인 실천방안을 갖고 실내공기질의 개선에 앞장서야 한다. 예컨대, 실내온도 및 습도 조절, 환기와 통풍, 친환경 인테리어, 공기청정기 사용, 침구류 관리, 숯 또는 공기정화 식물배치, 새집 입주 전 베이크아웃(bake-out) 등도 실천방안의 하나이다. 아무쪼록 무더운 여름철을 맞이하여 쾌적하고 건강한 실내 환경을 유지하는데 소홀함이 없어야 할 것이다.

〈2012. 6. 15.〉

순천만정원박람회가 관람객을 끄는 이유

근자 1박2일간의 일정으로 순천만국제정원박람회에 다녀왔다. 평일인데도 관람인파가 예상외로 많았다. 지난 15일, 개막 26일 만에 관람객 수가 100만 명을 넘어섰다니 놀라운 성과다. 박람회조직위 측은 이대로 가면 행사종료일까지 목표치인 400만 명을 훌쩍 넘어 600만 명도 가능할 것으로 내다보고 있다. 지난 해 국가행사로 치른 여수세계박람회가 흥행저조로 고전을 면치 못했던 사례에 비하면 즐거운 비명이다.

이에 대한 분석과 평가는 다음과 같은 시사점을 발견할 수 있다고 하겠다. 무엇보다 자연과 환경에 대한 국민의 관심이 날로 커지고 있다는 점이다. 이는 최근 박대통령이 방미기간 중 미 의회합동연설에서 피력한 DMZ(비무장지대)내 세계평화공원 조성과도 관련되는 이슈다. DMZ는 남북분단과 대결의 상징이요 한반도의 화약고라는 점에서 이를 친환경적으로 이용하는 일은 환경문제를 넘어 통일의 디딤돌이 될 수도 있을 것이다. 박대통령은 이미 대선과정에서 DMZ를 한반도 생태평화벨트로 조성하겠다는 제안을 내놓은 바 있다.

자연과 환경보전에 대한 시민의식 높아져

순천만국제정원박람회는 DMZ 대신에 순천만 일대를 온전히 보호 내지 보전하려는 취지에서 처음 계획이 구상되었다. 소위 '2013 순천만 정원프로젝트'가 그것인데 실은 도심이 점점 순천만으로 팽창하는 것을 막기 위한 고육책이었다. 도심과 순천만 사이에 전이공간과 완충공간이란 에코벨트(eco-belt)를 조성하여 차단효과를 노린 것이다. 이 자리가 바로 본 박람회의 주 무대가 되었다. 환경보호와 함께 매력적인 관광자원을 얻고자 한 고도의 전략이기도 했다. 순천시민의 순천만 사랑과 환경보전 의지는 특별한 것이었다. 이는 정원박람회 개최에 대한 철저한 연구와 사전준비로 이어진다.

세계 5대 연안습지의 하나인 순천만 일원이 환골탈태하는 모습을 들여다보자. 먼저, 인공 갈대밭을 조성하고 그 가운데 나무데크를 놓아 자연과 사람을 하나로 조화시켰다. 흉물스런 전봇대 282개를 모두 철거하는 결기도 보였다. 박람회장에 심을 나무는 2009년부터 나무은행을 통해 확보하고 조기 활착을 위해 뿌리돌림을 실시했다.

특허를 낼만한 아이디어를 모아서, 예컨대 나무의 지지 버팀목을 지하로 설치하는 등 미관을 최대한 살렸다. 설치물도 재활용 자재를 사용하여 비용을 절감했다.

재미있게도 과거 국제정원박람회 개최국의 성공과 실패사례를 거울삼아 시행착오를 줄였다. 특히 2001 독일 포츠담 국제정원박람회 때, 옛 러시아 군사기지를 전원도시로 변모시키고 박람회 주변 7,500세대를 친환경 생태주거단지로 탈바꿈한 사례를 유용한 벤치마크로 삼았다.

한편, 이번 박람회의 견인 역할을 자임한 지방자치단체장의 리더십을 빼놓을 수 없다. 조직위원회의 추진체계는 흡수(co-optation)적 관료조직을 바탕으로 능률과 참여의 극대화를 기도하는 시스템이다. 중앙정부 조직인 산림청을 주무부처로, 많은 후원부처를 흡수하여 광범위한 지원을 이끌어 내는 모양새다. 조직위원회에 총회와 이사회, 사무처를 두고 있는데 통합적 기능이 발휘될 수 있도록 이사장인 순천시장에게 권한과 책임을 집중시키고 있다.

자치단체장의 비전과 리더십이 관건

사무처 근무인력은 모두 105명으로 순천시 공무원이 75명을 차지하며 전남도와 인근 시군에서 각각 10여 명을 지원받고 있다. 순천시 소속 전 공무원이 박람회 운영인력으로 참여하고 있어 올코트프레싱 전술을 펼치고 있는 셈이다.

조직위원회 문운기 홍보부장은 필자와의 인터뷰에서 "자치단체장의 확고한 비전과 리더십이 없었다면 박람회 개최는 물론, 성공적인 박람회는 꿈도 꿀 수 없는 일"이라고 말했다. 오직 시와 시민만을 바라보고 애민충정 한마음으로 온몸을 던져 임무를 수행하는 진정한 목민관의 리더십. 이것이야말로 시민이 정주의식과 자긍심을 갖고 내 고장을 사랑하게 되는 원동력이 아닐까 생각해 본다.

〈2013. 5. 24.〉

시흥갯골 인근지역의 환경문제

2012년 봄, 시흥갯골생태공원 바로 곁에 골프장 인가가 날 때도 그랬다. 몇 번이고 인가신청을 반려했지만 법적 요건에 하자가 없어 결국 법률적 자문을 거쳐 결정했다고 시당국은 해명했다. 관선시대 법규행정, 관리행정의 표본을 보는 것 같아 필자는 당시 칼럼에서 씁쓸한 심정을 토로한 바 있다.

근래 갯골생태공원, 관곡지와 연꽃단지 인근에 위치한 하중동에 레미콘공장이 들어서는 문제를 놓고 이를 반대하는 주민들의 목소리가 커지고 있다. 여기저기 현수막이 나부끼고 인근 아파트 게시판에는 이를 알리는 공고문이 부착된 지 오래다. 주민 1만5천 명 이상 서명을 받아 이를 관계요로에 전달했다하니 결코 가볍게 치부할 사안이 아님이 분명하다. 현수막 문안 속에 청정한 환경에서 살고 싶어 하는 주민들의 소박한 바람이 녹아있음을 느낄 수 있다.

지역특성 따른 환경정책 부재가 근본원인

지난 9월 11일 주민대책위원회와 시당국 간 면담이 이루어졌지만, 양측이 각자 자기의 입장을 표명했을 뿐 해결의 실마리나 진전은 보이지 않았다고 한다. 우선 양측의 입장을 살펴보고 레미콘공장 허가문제의 성격과 해법을 모색하는 데 도움 글이 되었으면 한다. 주민대책위 측은 입지 면에서 자연녹지가 지척인 중부생활권, 하중동에 공해를 유발하는 공장설립허가는 합당하지 않으며 허가행위는 주민의 환경권을 무시하는 처사로 마땅히 거부되어야 한다고 주장한다.

이에 대하여 시당국은 주민들의 의사를 존중한다고 전제하고 이미 레미콘공장 허가신청을 반려한 바 있지만 법적요건을 구비한 민원에 대하여 계속 반려하는 것은 한계가 있으며 법적 분쟁의 부담도 고려하지 않을 수 없다고 말한다.

양측 간 면담에서 김윤식 시장은 "이미 제 의중은 어찌 보면 '생트집'과도 같은 허가반려라는 행동을 주민들에게 보여 드렸다."며 "법령이 요구하지 않는 사항을 시장이 강제할 수도, 강제해서도 안 되며 행정은 주민 뿐 아니라 사업자의 권리도 보호해야 할 의무가 있는 것"이라고 밝혔다(시흥신문 9월 15일자).

이제 마른 풀 속에서 바늘을 찾는 심정으로, 본 환경문제의 성격과 접근법에 대해 더 논의를 이어가 보자. 첫째, '2020시흥시 도시기본계획'과 '2020시흥시 중장기발전계획' 공간구조 개편과제 대목에서 갯골생태공원과 물왕저수지 하천변은 보존 축으로 이곳을 우선보전지역으로 설정, 자연환경 보존의 지속성과 연계성을 확보하도록 하고 있다는 점을 상기할 필요가 있다. 생활권별 개발구상에 있어서도 북부나 남부 생활권과는 달리, 중부생활권은 수려한 자연자원 보전과 친환경개발을 추진하고 행정업무기능 입지를 통한 도시구심점 확보에 중점을 두어야 한다고 명기하고 있다.

이런 점에서 시당국은 그동안 중부생활권역의 환경보전을 위해 얼마나 필요한 환경정책을 수립하고 집행하고 있는지 묻고 싶다. 정책이란 사후처리 보다 사전 예방적 조처에 방점이 있으며 따라서 이해당사자들에게 예측가능성을 제공함으로써 사회적 이슈 해결의 길잡이 역할을 수행한다.

또한 현실에 맞지 않는 법을 개정하는 데 나침반 역할을 하기도 한다. 반면, 존재해야 할 정책이 없으면 문제발생 시 갈등국면을 초래하며 대증요법적인 땜질처방으로 전락하고 마는 것이다.

갈등문제 해결과정에 주민참여 미흡하다

둘째, 집단민원성 사회적 이슈를 해결하는 정치과정의 미숙성을 지적할 수 있다. 언필칭 자치행정의 특징으로 시민이 참여하는 정책결정을 이야기하지만, 이번 사태의 경우만 해도, 예컨대 정책토론방이나 민관협의기구 등을 통한 대화의 노력, 서로 중지를 모아 문제를 해결하려는 치열한 시민정신을 찾아보기 어렵다. 지방자치는 법규행정과 선문성을 기본으로 하되 다수의 주민복지 현안은 정책의지를 갖고 이를 관철하는 결기도 요청되는 것이다. 이런 맥락에서 자치단체장을 정치적 관리자(political manager)라고 부르기도 한다.

시흥시의회와 환경거버넌스의 주축인 시흥의제21의 역할도 언급하지 않을 수 없다. 아무튼 우리 모두는 시민공동체의 일원이니만큼 당면 환경문제 해결에 보다 적극적으로 임해야 할 것이다.

〈2014. 9. 26.〉

구호에 머문 시흥 생명도시 비전

'생명도시 시흥'이란 구호 속에 담긴 도시의 비전과 로드맵을 시민들은 얼마나 알고 있을까. 현 시정부가 들어선 2009년부터 지금까지 사용되고 있으니 꽤 오랜 수명을 누리고 있는 슬로건이다. 생명도시 콘셉트를 알아보기 위해 시흥시 홈페이지를 방문하면 도시비전의 창에 생명도시 시흥의 미래상 글귀가 눈에 들어온다. 그 아래 첨단산업 생명도시, 평생학습 생명도시, 해양관광 생명도시, 교통요충 생명도시, 환경친화 생명도시라는 문구가 나타난다.

시흥시가 내세우는 생명도시의 개념이 무엇일까 궁금해 여기 저기 웹서핑을 해보지만 눈에 꽂히는 게 없다. 제정된 생명도시 관련조례가 있을 성도 싶어 확인해 보지만 이 역시 헛수고다.

생명이란 용어 자체가 다분히 추상성을 띠고 있어 보다 구체화된 실행계획이 수반되지 않으면 자의적인 유추해석에 의존할 수밖에 없다. 인간생존의 절대가치인 생명이란 낱말이 심오한 콘텐츠를 풍기기도

하지만 개념의 모호성은 여전히 베일에 가려진다. 명확한 비전과 실행 로드맵의 부재가 산존하기 때문일 것이다.

〈뷰티플 시흥〉 4월호에 실린 편집인의 머리글과 시민들의 인터뷰 내용을 접하면 생명도시 개념의 인식정도를 짐작할 수 있다. 편집인은 머리글에서 "시흥은 생명도시라는 시정가치를 위해 노력하고 있습니다. 편집인이 생각하는 생명도시는 어떠한 개체도 다른 개체를 억압하지 않고 약한 개체를 보호해서 서로 돕고 살아가는 것이라고 생각합니다."라고 적고 있다. 인간생명의 상호존중과 상생의 가치를 나름대로 피력한 말이지만, 다양한 시민 목소리 중 하나로 주관적 견해를 나타낼 뿐이다. A시민은 "생명도시라는 이름이 참 좋게 느껴지네요. 시흥시를 다니다보면 시골 같기도 하고 도시 같기도 해요. 아직 생명도시의 의미가 썩 와 닿지는 않지만 생명도시 시흥이라는 이름에 걸맞게 푸르고 깨끗하면 좋을 것 같아요."라고 말하고, B시민은 "학교가 바로 산업단지 옆에 있어서 그런지 생명도시라는 느낌이 잘 안 들어요. 하지만 산업단지를 가로 흐르는 하천에 꽃도 피고 새도 날아와 신기했어요. 위치상 어쩔 수 없지만 공단에서 나는 냄새가 조금 줄었으면 하는 바람이에요."라고 말했다. 이어서 다음 페이지엔 '친환경생활을 이끌 생명도시의 녹색거점' 제하에 정왕동 환경생태학습관을 소개하고 있다. 어느 자연형 하천정비사업 부진과 관련하여 시흥시장에게 생명도시 실천의지를 묻는 이복희 시의원의 모습도 실려 있다(지난 6월 9일자 시흥시의회 시정 질문).

관계당국은 차제에 생명도시 개념체계에 대한 재검토가 있기를 기대한다. 생명도시 문구의 생명은 보호 내지 육성되어야 할 생명체를 총칭하는 용어로서 인간생명체를 주안으로 넓게는 동식물의 생명체까지 포괄하는 대상범위를 갖는다. 이점에서 생명도시는 자연생태도시를 지향하며 나아가 인간 생명의 고양을 도모하는 건강도시, 교육도시를 지향한다.

따라서 생명도시를 표방하는 한, 당국은 환경보전과 교육진흥을 우선적 가치로 삼고 실행계획 차원에서 친환경적, 친인간적 정책을 펼쳐야 함이 옳을 것이다.

생태의 보고이며 녹지축의 중심인 국가보호습지를 잘 보존하고 이 일대를 수도권 유일의 내만갯골 생태자원으로 가꾸어 나가는 일이 중요하다. 이를 관광자원화 하는 일은 생명도시 실현을 위한 원대하고 야심찬 프로젝트임이 분명하다. 시민건강을 증진시키고 과감한 교육투자를 이끌어낼 수 있도록 교육도시, 학습도시의 면모를 갖추는 일도 소홀히 할 수 없는 과제이다.

요컨대, 생명도시를 견인하는 양대 축으로 하나는 환경도시, 다른 하나는 건강도시와 평생학습도시로 뻗어가는 협력과 창조의 행정을 펼쳐야 할 것이다. 자연과 인간 그리고 미래가 조화로운 으뜸도시, 푸른 생명들이 함께 약동하고 발전하는 생명도시 시흥 건설을 위하여 우리 모두 응원과 격려의 박수를 보내자.

〈2016. 7. 15.〉

시흥갯벌습지에서 희망을 본다

이달 2월 17일은 시흥갯벌습지가 연안습지보호지역으로 지정된 지 만 5년이 되는 날이다. 2012년 당시 국토해양부는 지정목적으로 시흥 갯벌의 자연적 지형과 해양생물의 서식지를 보전하고 이를 관광자원 으로 활용하여 수도권 내 해양생태관광의 메카로 육성한다는 청사진 을 제시했다. 시흥갯벌이 나선형의 모양으로 내륙 깊숙이 펼쳐지고 갯 골의 경사면이 급한 특이지형을 보이고 있다는 점, 그리고 갯골을 따 라 다양한 염생식물과 법적 보호종인 물새류가 서식하고 있다는 점 등 이 갯벌습지로서 높은 가치를 인정받았다.

갯벌습지의 오염원 정확히 규명해야

국토해양부는 공청회에서 시흥갯벌이 습지보호지역으로 지정 고시 되면 '습지보호지역 관리위원회'를 구성하고 교육홍보사업, 습지 저해

시설 제거와 습지생태계 복원사업 등을 추진하겠다고 말했다.

습지보호지역으로 지정된 후 3년째 되는 2015년 3월. 1년간의 조사기간을 마치고 '시흥갯벌습지 생태계 정밀조사보고서'가 발표되었다. 시흥시가 습지생태계의 현황파악과 효율적인 이용관리방안 마련을 위해 전문기관에 의뢰한 결과가 나온 것이다.

이에 따르면. 습지보호지역에 산림청 지정 희귀식물인 모새달 등 다양한 염생식물이 자라고 있고, 멸종위기에 처한 천연기념물 저어새, 황조롱이 등이 서식하고 있다고 보고했다.

화학적 산소요구량(COD)을 측정한 수질평가지수는 V등급(아주 나쁨)으로 나타났다. 눈길을 끄는 것은 습지보호지역오염원의 하나로 인접한 골프장을 지목하면서 주변 생태계의 교란. 농약사용 및 야간조명의 문제점을 적시했다는 점이다.

이에 대하여 당초 주변 토지소유자 등으로 구성된 이른바 '습지대책위'는 당해 조사의 신뢰성에 의문을 제기하고 오염요인은 오히려 인접한 갯골생태공원 한쪽에 매립된 생활쓰레기의 침출수라는 주장을 폈다. 그 후 시흥시와 습지대책위는 '시흥갯벌의 체계적 관리를 위한 협약'을 맺기도 했지만, 시흥시는 상기 관리위원회를 아직까지 구성하지 못하고 있는 실정이다. 다만 풀뿌리 차원에서 습지학교 등이 주축이 되어 어린이를 대상으로 교육 및 보전활동을 펴고 있고 근간에는 갯골 사회적협동조합의 활동이 눈에 띌 뿐이다.

한편. 지난 해 11월 시흥갯골과 소래습지 간 물길공동탐사가 환경

NGO 주도로 이루어진 일은 고무적이다. 2013년에 체결된 '소래습지 생태공원과 시흥갯골습지의 공동관리협약'에 따른 워킹그룹 활동의 일환이었는데, 평가회의의 결과가 의미 있는 후속조치로 이어지기를 기대해 본다.

시흥갯벌습지를 품고 있는 갯골생태공원이 경기도의 대표적인 해양 생태 관광지로 부상하고 있음은 주지의 사실이다. 매년 갯골생태공원 에서 펼쳐지는 '시흥갯골축제'는 이미 경기도 내 베스트 10대 축제로 자리 잡았고 나아가, 문화체육관광부로부터 '2017년 문화관광축제'로 선정되었다. 시흥갯골축제를 통하여 생명도시 시흥의 매력과 자연환 경의 질이 더욱 높아지는 희망의 선순환을 기대해 본다.

거버넌스의 중심에 시흥지속협이 있다

주마가편의 충정에서 강조하자면, '습지보호지역 관리위원회'를 조 속히 구성하여 환경거버넌스의 효율성을 제고하기 바란다. 아울러 제 도적 지원 장치로서 습지보호조례의 제정도 필요할 것이다. 습지보호 지역의 건강성 증진을 위해 농약성분, 쓰레기 침출수 등 습지 유입 가 능 오염물질을 주기적으로 점검하고 야간조명의 영향평가도 엄밀히 실시되어야 한다.

환경문제는 한 번 실기하면 복원이 매우 어렵다는 속성을 가지고 있 는 만큼, 사안별로 사전환경영향조사를 거쳐 필요한 예방적 조치를 강구해야 한다. 조직체계면에서는 시흥지속협을 연결고리로 한 환경거 버넌스의 구축과 활성화가 긴요하다. 모든 것이 합력하여 선을 이루듯 이, 사안별 성과들이 상호 시너지를 내어 시흥갯골의 가치증대로 수렴되는 희망의 픽토그램(pictogram)을 다시 기대해 본다.

〈2017. 2. 10.〉

제4부

교육-문화 정책 비전

푸른 우주를 보며 희망을 키우자

코리아의 꿈 우주로 날다.

지난 4월 8일 한국 최초의 우주인 이소연 씨가 우주를 향한 대장정에 올랐다. 그녀를 태운 러시아 우주선 소유스호가 카자흐스탄 우주기지에서 성공리에 발사된 것이다. 소유스호는 지상에서 약 350km 떨어진 상공 국제우주정거장(ISS)에 도착하여 현재 그곳에서 9박10일간 일정으로 18가지 우주과학실험 임무를 수행하고 있다. 우주인들은 이달 19일 다른 소유스호를 타고 귀환 길에 올라 카자흐스탄 북부 초원지대에 안착하게 된다.

2008년은 한국 우주시대 원년으로 기록될 것 같다. 9월경에는 전남 고흥 외나로도에 우주센터가 준공되고 12월에는 우리 손으로 만든 KSLV-1로켓으로 100kg급 과학기술 위성을 쏘아 올릴 예정이다. 성공하면 우리나라는 세계 10위권의 우주개발국가로 우뚝 서게 된다고 한다. 내년에 대전에서 국제우주대회가 열리면 1993년 대전엑스포를 시작으로 우주개발의 첫 꿈을 국민에게 선보인 이래 16년만의 쾌거이다.

고래로 우주는 무한하고 광대무변한 미지의 공간체로 인류에게 신비와 경이의 대상으로 여겨져 왔다. 최근 알려진 바에 의하면, 우주 안의 온갖 별세계도 우주공간의 0.5%를 넘지 못하고 사람의 육안으로 볼 수 있는 우주라는 것도 고작 우주 전체의 4%에 불과하다고 한다. 실로 유한한 존재인 사람의 측량으로 무한한 우주의 정체를 헤아리기 실로 어렵다.

그러나 인간은 여기에서 물러서지 않는다. 그 불가사의한 무한대를 겨냥하며 돈키호테처럼 도전하는 데에 그 위대성이 있다. 끊임없이 발전하는 과학기술이 놀랍고 두려울 뿐이다. 이미 달나라의 계수나무는 우리의 의식에서 사라진지 오래다. 과학기술은 신비의 베일을 벗기는 양날의 칼이다. 그 대가로 문명의 이기를 인간에게 선사한다. 천지와 우주의 조화인 블랙홀도 언제 달처럼 정복되고 말 것이다.

우주시인 문복주는 '우주로의 초대'에서 인간에게 정복되어 순치된 우주를 그리고 있다. '우주의 비가 내 마음의 창을 두들기던 날, 나는 한 장의 초대권을 받는다. 당신을 우주로의 여행에 초대합니다. 집 앞 버스 정류장에 나가 서 있으니 혜성이 날아와 나를 싣고 천왕성, 해왕성, 명왕성을 눈 깜빡할 사이 지나간다. 이번엔 번개를 탈까요. 내 영혼에 번개의 꼬리가 달린다. 여기가 당신이 떠나왔던 고향, 이 블랙홀을 지나면 미래에 살 당신의 별이 나옵니다.'라고 시인은 공상의 나래를 편다. 우주가 이웃처럼 다정하게 내 옆에 와 있는 것이다.

이제 우주는 어두움, 두려움, 경이로움의 이미지를 떨치고 우리에게 꿈과 희망의 상징으로 다가오고 있다. 유리 가가린이 사상 처음 우주선을 타고 궤도 진입에 성공했을 때, 그가 떠나온 지구를 바라보며 한 말은 매우 인상적이다. "주위는 온통 어두운데 지구는 푸르다."

일찍이 우리의 조상들은 첨성대를 지어 하늘의 별과 우주의 변화를 관찰했다. 그리스의 철학자 탈레스는 하늘의 별을 보고 걷다가 도랑에 빠졌다는 일화도 있다. 대지와 인간에 붙박인 삶은 동굴처럼 갑갑하고 자유롭지 못하다. 우주를 의미하는 천지인 삼재 중 천(天)을 제외하면 어떻게 되겠는가. 이점에서 신석정의 시는 참신하고 호방한 데가 있다. '푸른 산이 흰 구름을 지니고 살듯 내 머리 위에는 항상 푸른 하늘이 있다. 하늘을 향하고 산림처럼 두 팔을 드러낼 수 있는 것이 얼마나 숭고한 일이냐……. 뼈에 저리도록 생활은 슬퍼도 좋다. 저문 들길에 서서 푸른 별을 바라보라. 푸른 별을 바라보는 것은 하늘아래 사는 거룩한 나의 일과이거니.'

현대인은 점점 하늘과 별을 등진 채 지친 몸에 기대어 힘겹게 살아가는 모습이다. 그들은 하늘보다 땅을 선호한다. 하늘은 돈과 무관하기 때문일까. 위대한 것은 하늘처럼 소박한 데 있고 진정한 힘은 하늘처럼 너그러움에서 나온다고 하지 않는가.

인간은 대지를 품은 하늘을 벗 삼으며 우주 대자연과 한 몸이라는 자각을 통해서 실존을 깨닫고 인간 본성을 회복할 수 있다. 과연 인생의 바다는 검푸르지만 하늘이 있어 밝고 아름다운 법이다. 헛된 욕망의 골짜기를 지나 푸른 꿈이 서린 창공을 향해 비상하자. 우리 모두 푸른 우주를 바라보며 희망을 키우자.

〈2008. 4. 18.〉

창의와 상상의 바다를 힘껏 노 저어라

지난 밴쿠버 겨울올림픽에서 우리나라는 역대 최다 메달을 획득했다. 종합성적 5위라는 눈부신 성과를 거둔 것이다. 순위를 떠나 우리 선수단 모두가 최선을 다해 경기에 임했고 국민들에게 벅찬 감동을 선사했다. 특히 '피겨 여왕' 김연아의 출중한 연기와 스피드스케이팅 선수들의 빛나는 활약은 우리국민은 물론, 세계인을 놀라게 했다.

이렇게 우리 선수들의 땀과 노력을 혁혁한 성과로 이끌었던 성공요인은 무엇이었을까. 그들은 대부분 서울올림픽둥이 세대로서, 과거 배가 고파 억지로 운동을 해야만 했던 '헝그리정신' 세대와는 다른 점이 있었다. 그들은 스스로 꿈과 뜻을 세우고, '피할 수 없거든 즐겨라'라는 긍정적 자세로 자기 역량을 십분 발휘했다. 김연아는 금메달을 목에 걸고 "선수로서 이루고 싶었던 꿈을 해냈다"고 말했다. 이승훈은 "결과와 상관없이 내가 할 수 있는 모든 것을 보여줬다"며 환호했다. 이들의 성공배경은 물론 철저한 사전 경기분석과 과학적 훈련방법이 주효했을 것이다. 그러나 무엇보다도 그들에게는 꿈이 있었고, 그 꿈을 이루기 위해 고된 연습과 훈련을 기꺼이 해냈다는 점이다.

신체운동지능 꽃피운 행운아들

미국 하바드대학 심리학자인 하워드 가드너의 '다중지능이론'에 따르면, 인간은 기본적으로 8가지의 지능, 즉 언어, 음악, 논리수학, 공간, 신체운동, 인간친화, 자기성찰, 자연친화지능 등을 갖고 태어난다고 한다.

이와 같은 다중지능은 개인차가 있어 강점지능과 약점지능이 각자 다르게 나타나며 따라서 자신의 강점지능을 일찍이 발견하여 계발시키는 것을 교육의 지표로 삼는다. 밴쿠버의 영웅들은 용케도 빨리 자기 내면에 존재하는 '신체운동'의 강점지능을 찾아내어 이를 힘껏 발휘한 행운아임이 틀림없다.

이런 강점지능은 창의성의 작용과는 어떤 관계에 있는 것일까. 창의성은 독립적인 하나의 지능요소가 아니라 8가지 다중지능영역에 걸쳐서 내용 특수적(content specific)으로 존재하는 개념이라 가드너는 정의한다. 다시 말하면 자기의 강점지능과 업무내용이 일치하여 열정적으로 몰입(flow)할 때 나타나는 적극적 문제해결능력이라고 보는 것이다.

미국 컬럼비아대학 윌리엄 더간 교수는 그의 저서 『전략적 직관』에서 한 명의 천재가 자신의 천부적 능력으로 놀라운 혁신을 이루는 것이 아니라, 실은 다양한 사람들과의 직간접적인 교류를 통해, '제7의 감각'이라고도 불리는 직관적 창의력을 발휘하게 된다고 설명했다. 그는 "역사를 만든 획기적 아이디어에 새로운 사실은 없다. 다만, 새로운 조합이 있을 뿐이다"며 역사와 생활주변에 산재한 무수한 사실들이 문제를 해결하는 창의적 아이디어의 원천이라고 말했다. 그는 나폴레옹의 성공전략도 냉철함을 바탕으로 역사적 사례에서 얻은 의미의 조각들을 새롭게 조합하여 만든 것이라고 보았다.

삶의 여유와 독서에서 싹트는 창의력

탄소나노 분야의 세계적 권위자인 임지순 서울대 석좌교수는 지난 달 서울대 신입생 특강에서, "창의력을 효과적으로 계발하는 방법은 없지만, 못하게 하는 방법은 있다. 바로 꽉 짜인 삶을 살면 된다."라고 말했다. 미리 정해놓은 스케줄대로만 하면 창의력이 생길 수 없다는 이야기다. "효율을 강조하는 현대를 살자면 시간 관리를 소홀히 할 수 없지만, 창의력은 시간 관리를 넘어선 삶의 여유와 폭넓은 독서에서 싹트는 것"이라고 역설했다.

투자의 귀재 워런 버핏은 신문과 잡지를 꼼꼼히 읽고, 역사상 가장 창의적인 경영자라는 스티브 잡스는 잘 알려진 독서광이다. 달 표면에 '고요의 바다'와 '폭풍의 바다'가 존재하듯이, 우리 두뇌에도 '기억의 바다'와 '창의의 바다'가 있어 바다 속 정보들이 서로 연결되고 융합

되는 과정에서 아이디어들이 샘물처럼 솟아난다고 필자는 보고 있다.

기억의 바다에 깔려 있는 온갖 지식과 경험이 창의의 바다에 흘러들어와 펼쳐지는 '인지 프로세스'를 잘 운용하는 일이 창의력 향상의 관건이다. 여기에서 좋은 질문과 실험관찰, 네트워킹 등은 프로세스의 주요 핵심어이다. "그대여, 당신 안에 잠자고 있는 창의력과 상상력을 깨워라. 그리고 그 바다 위를 힘껏 노 저어라."

〈2010. 3. 5.〉

말이 칼이 되는 언어폭력

근래 우리 청소년들의 말투가 왜 이리 사나워졌을까. 일상의 대화에서 욕설이 섞이지 않으면 소통이 안 되는 것처럼 저속하고 낯 뜨거운 말들이 난무하고 있다. "청소년의 언어생활 실태를 알아보니 온통 욕이 없으면 말이 되지 않을 정도로 습관적으로 욕을 사용하고 있더군요." 몇 달 전 국무회의 석상에서 여성가족부장관이 개탄하며 한 말이다.

이러한 언어행태는 청소년층에만 국한되는 이야기는 아니다. 언젠가 대학동창 모임에 갔는데, 오랜만에 보는 친구가 반백머리의 필자에게 대뜸, "야, 너 폭삭 갔구나."라고 막말 인사를 했다. 듣고 보니 인사말 치고 고약한 말씨였다. 반가운 나머지 우스갯소리로 던진 말이 상대방에게 의외의 불쾌감을 주는 예는 흔히 겪는 일이다. 인간은 다른 동물과 달리 자존심이 강하고 감성이 섬세하여 심리적으로 상처받기 쉬운 존재임을 알아야 한다.

인간은 심리적으로 상처받기 쉬운 존재

몇 달 전, 어느 여학교에서 교사가 공과금을 못낸 학생에게 핀잔을 주었다. '학비를 낼 능력이 없으면 학교에 다니지 말라'고. 이 말에 충격을 받은 여학생은 그 이튿날 목숨을 끊고 말았다. 무심코 던진 돌에 개구리가 맞아 죽 듯, 지각없이 던진 말 한마디가 돌이킬 수 없는 폭언이 되어 무고한 생명을 앗아간 것이다. 말이 칼이 되는 언어폭력에 기인한 범죄 건수가 해마다 20% 이상 증가하고 있다. 특히 사이버 언어폭력은 60%에 이르는 증가 추세를 보이고 있다.

미국의 심리학자 엘머 게이츠 박사는 사람들이 내쉬는 숨을 채취하여 이를 분석하는 실험을 했다. 실험 결과, 화를 내며 말을 할 때 내뿜는 숨 속에서 강한 독성물질을 검출했다고 한다. 그것도 단 몇 분 안에 치사에 이르는 유해물질이라고 하니 모골이 송연해진다. 사실 사람이 만물의 영장을 자처하는 것은 언어기능을 가졌기 때문일 것이다.

철학자 하이데거는 언어를 '존재의 집'이라고 했다. 언어를 매개로 사고하며 존재의 근거를 찾는다는 말이다. 언어는 생각의 재료가 되고 사물에 이름을 붙인 언어를 통해 창의와 상상력을 키운다. 또한, 가슴에 와 닿는 말은 우리의 마음과 영혼을 순화시키고 카타르시스를 경험하게 한다.

IBM회사에서 있었던 일이다. 한 직원이 일을 잘못 처리하는 바람에 회사가 막대한 손실을 입게 되었다. CEO인 토마스 와튼은 그 직원을 조용히 불렀다. "너무 상심하지 말게. 자네의 교육훈련비로 천만 달러를 썼다고 생각하면 그것이야말로 필요한 투자가 아니겠는가?"라며 오히려 실수를 덮어주었다. 훗날 그 직원은 회사를 살리기 위해 온몸으로 충성을 다해 보답했다고 한다. 중국인은 '싸우고 절교하는 경우에도 험담하지 않는 것'을 도리로 여긴다고 한다. 사이가 나빠져 헤어질지언정 교제 당시의 일을 가지고 헐뜯거나 왈가왈부하지 않는다는 것이다.

사실 인간관계란 인연 따라 가변적이어서 언제 어느 구름에서 비가 올지 모른다. 흉측한 말과 글은 비수와 같아 회복 불가능한 배신의 추억을 남기게 된다. 고래로 선현들은 언행군자지추기(言行君子之樞機) 혹은 군자난언(君子難言)이라 해서 올바른 언어생활을 각별히 강조했다.

언어문화의 개선은 인성교육의 근본이다

오늘날 나쁜 언어생활은 인성교육의 부재에서 비롯된 바 크다. 또 청소년과 부모 그리고 교사 사이의 소통부족과 성적 지상주의로 치닫는 왜곡된 교육열이 인성교육의 터전을 불모지로 만들고 있다. 가정과 연계된 혁신학교의 인성교육프로그램은 이런 면에서 희망적인 대안으로 떠오른다.

'아냐 아냐'라는 부정적인 말투보다 '오냐 오냐'라는 긍정적인 말투가 훨씬 좋다. 생각 없이 툭툭 던지는 말투보다 신중하게 말하는 습관,

상대를 나와 같이 귀한 존재로 인정하는 존중의 태도, 서로의 차이와 다름을 용납하고 상생과 조화를 이루는 관용의 정신, 감사할 줄 아는 마음 등을 어려서부터 심어주는 인성교육이 절실한 시대적 요청이다.

말이 칼이 되는 언어폭력을 근절하고 바른 생각과 바른 말이 편견 없이 소통되는 밝은 사회를 위하여 다 함께 노력해야 할 것이다.

〈2010. 12. 24.〉

충효(忠孝)의 고장, 시흥을 다시 본다

시흥시가 지정한 공식 문화유산 중에 조병세(趙秉世) 선생 묘와 하우명(河友明) 효자정각이 있다. 이곳은 충과 효를 상징하는 대표적인 향토유적지로 시흥시민의 자긍심이기도 하다. 시흥의 유구한 역사에서 충신과 효자가 어디 이 두 분뿐이겠느냐만 시흥에 연고를 둔 인물 가운데서 충과 효를 실천한 위인으로 이 두 분을 골라 그 내력을 소개하고자 한다.

조남동에 소재한 조병세 선생 묘는 향토유적 제5호로 묘의 양쪽 어귀에 사적비와 와비(臥碑)가 나란히 서 있다. 구한 말, 망국의 한을 품고 비분강개, 순국한 선생의 충절이 두 비문에 흥건히 서려 있다. 신천동에 위치한 하우명 효자정각(孝子旌閣)은 향토유적 제11호로 귀감이 되는 효행을 기리기 위해 1700년대에 세워졌다. 1995년 강희맹의 '소래하중추정문기'를 기초로 비문을 지어 '효자 연당 진양하공 정문기비'가 건립되었다. 하늘에 닿을 듯한 극진한 효성을 피부로 느낄 수 있는 장소이다.

조병세 선생(1827~1905)은 조선조 말엽의 대 문신이자 순국열사로 국가보훈처로부터 1995년 12월의 독립운동가로 선정된 바 있다. 사실 선생이 태어나고 자란 곳은 시흥이 아니라 경기도 가평지역이다. 다만 문중 사패지가 이곳 시흥에 있어 지금의 선영이 조성되었다. 현재 가평군 현리에서는 삼충단(三忠壇)을 지어 조병세, 민영환, 최익현 선생의 애국충절을 기리는 추모제향을 봉행하고 있다.

『매천야록』을 남기고 순국한 황현 선생과 함께 조국의 등불이 되어 청사(靑史)에 길을 밝히고 있음은 후손들의 홍복이 아닐 수 없다. 그 당시 일제의 식민통치술은 간악하고 혹독했다. 탄압과 회유를 교묘히 배합하여 조정의 책임 있는 인사들을 궁지에 몰아넣었다. 개중에는 처음부터 친일행각을 서슴지 않았던 매국노도 있었지만 대부분 처음엔 저항을 하다가 나중에 자의반 타의반 굴복하고 말았다. 이 부분에 대한 역사의 평가는 아직도 진행 중에 있다.

정부는 지난 달 5일 국무회의를 열고 일부 '친일행위자에 대한 영예 취소안'을 심의, 의결했다. 을사늑약의 부당함을 비판한 사설 '시일야방성대곡(是日也放聲大哭)'을 쓴 황성신문의 주필 장지연을 비롯해 친일행위가 확인된 독립유공자 19명의 서훈이 취소된 것이다. 우국충정의 초지를 끝까지 지키지 못하고 훼절하고 만 비운아의 고뇌에 이르러서는 일말의 연민을 느끼지 않을 수 없다. 보훈처는 앞서 1996년에도 친일행위가 드러난 인사들의 서훈을 박탈한 전례가 있어 이러한 사례는 더 이어질 것으로 보인다.

조병세 선생의 관록과 행적을 보면 올곧은 선비의 성품과 기개를 금방 알아차리게 된다. 철종 10년(1859년)에 사관(史官)이 되었고 고종 1년(1864년)에는 실록청 도청낭관(都廳郎官)으로 철종실록 편찬에 참여했다. 그 후 고종 15년 함경도 암행어사를 거쳐 대사헌에 제수되고 이어서 주요 판서직과 한성판윤을 역임한 다음 우의정과 좌의정에 올랐다.

그런데 이 무렵 시대상황은 암울하여 동학농민운동, 청일전쟁 등 큰 사건이 속출하고 일제의 침략은 노골화되어 갔다. 선생은 정계 은퇴와 복귀를 거듭하였고 그 와중에도 일관되게 국정개혁을 도모했다.

광무 9년(1905년) 11월 17일 강제로 을사5조약이 체결되자 선생은 79세의 노구를 이끌고 상경하여 을사 5적의 처형을 주창하고 조약의 폐기를 상소했다. 선생은 뜻을 이룰 수 없음을 알고 표훈원(表勳院)에서 '유소(遺疏)', '국민에게 고하는 유촉(遺囑)', '각 국 공사에게 보내는 유서'를 쓰고 장렬히 생을 마감했다.

아쉬운 소식이지만 선생의 묘는 조만간 국립 현충원으로 이장될 것이라고 한다. 충절의 고장으로 시흥시민에게 긍지를 심어 준 조병세 선생의 명복을 다시 한 번 빌어마지 않는다.

조선 전기의 효자 하우명 선생은 호는 연당(蓮塘), 본관은 진양(晉陽)으로 세종 때 영의정을 지낸 하연의 3남으로 태어났다. 선생은 효성을 다하여 어머니를 모셨는데 끼니마다 손수 조리한 음식을 상에 올렸다고 한다. 돌아가신 후에도 3년간 시묘살이를 지냈고 영당(影堂)을 세우고 제사 때는 제철음식을 제수로 올리는 등 지성으로 조상봉사를 했다고 한다. 오늘 날 핵가족 시대, 노부모의 봉양을 회피하고 효도불감증이 만연한 이 세태에 효행의 가치를 일깨우는 상징물로서 하우명 효자 정각은 효의 고장 시흥의 미래를 더욱 밝게 비출 것이다.

〈2011. 5. 6.〉

시흥 방산동 도요지를 아시나요

우리나라의 청자요지(靑磁窯址)가 어디에 있느냐고 물어보면, 언필칭 강진요나 부안요를 언급한다. 시흥 방산동 요지는 시흥시민이면 모를까 아는 이가 거의 없는 것 같다. 사실 방산동 요지는 수십 년 전부터 동네에서만 구전으로 알려져 왔다. 본격적인 관심과 개발 움직임은 1990년대 초반의 일이다. 1991년에 국립중앙박물관에서 기초조사를 실시했고 1997년, 1998년에 이르러 해강 도자미술관에서 대대적인 발굴 작업을 벌였다.

다니(竹院)마을로도 불렸던 이곳의 지형은 방산동에서 포동 방향으로 표고를 낮추는 자세인데 가마의 위치는 서북 사면에 자리 잡고 있다. 예전에는 이곳까지 바닷물이 들어와 지금도 논 밑을 파면 뻘 흙이 발견된다고 한다. 발굴조사에서 확인 된 첫 가마의 전체 길이는 39.1m이었고 내벽 너비는 220cm로 대형 규모에 속한다.

출토유물로는 초기청자가 주류를 이루고 소량의 백자도 발굴됐다.

퇴적물의 성층(成層)을 살펴볼 때 도기층 위에 청자, 백자, 갑발편이 쌓여 있어 도기요업 직후 청자요업으로 전환하였음을 보여주고 있다. 청자요업의 개시 시기는 적어도 10세기 중엽쯤으로 추정되고 있다. 그리고 폐요 시기는 10세기 말에서 11세기 초쯤으로 짐작되고 있다. 이곳 가마의 특징은 벽돌을 쓴 전축요(塼築窯)로서 중국 절강성 월주요(越州窯)의 영향을 받았다고 한다.

개성 인근의 원산리요, 시흥 방산요, 용인 서리요, 강진요 등에서 초기 청자를 생산했는데 그 중 방산동 요지의 보존상태가 가장 양호하고 퇴적물의 크기에 있어서도 장대한 규모로 최근 '방산대요(芳山大窯)'란 별칭이 붙여지기도 했다.

특이한 점은 청자와 함께 백자도 출토되었다는 점이다. 이 두 가지를 동시에 만든 곳은 용인 서리요와 방산대요 두 곳 뿐이다. 서리요의 경우는 처음에 두 가지를 같이 만들다가 나중에 가서 백자만 생산했다. 방산대요의 경우는 청자 위주로 생산했으나 백자도 곁들여 만들었다. 생산 기종은 다종다양했다. 발(鉢), 완(碗), 접시, 화형접시, 잔(盞), 항아리, 뚜껑(蓋), 주자(注子), 제기(祭器) 등등.

고려 초기 유력한 도자시장으로 떠오른 수도 개경의 수요자들을 대상으로 시흥지역은 도자 생산지로서 유리한 입지조건을 갖추고 있었다. 당시 고려의 도자기 국산화정책이 한 몫을 했다. 많은 중국인 도공들이 고려로 넘어 와 가마터를 물색하던 중 개경 부근의 봉천, 시흥, 용인 등에 정착한 것이다. 멀리 지방으로는 강진과 부안에도 발길이 닿아 이곳은 후일 내표적인 청자 공급지로 자리매김하게 된다.

방산대요는 1999년 6월이 되어서야 국가사적 제413호로 공식 지정받게 된다. 동네 주민들조차 한갓 뚝배기나 투가리 제조처로 여긴 은둔의 도요지가 이제 반듯하게 평가받기에 이른 것이다.

그러나 안타깝게 방산대요는 여전히 시당국과 시민들로부터 유명무실한 유적지로 인식되고 있다. 2007년 5월 경기개발연구원이 실시한 시흥주민의식 설문조사 결과에 의하면, 방산대요는 시흥시를 대표하는 관광자원에서 비켜 있다.

관광명소로 모두 16곳을 주민들이 추천하고 있지만 도요지 이름은 보이지 않는다. 주민들의 관심 밖에 있었기 때문이다. 같은 청자요지인 강진과 부안을 가보면 군립 청자박물관이 반갑게 관광객을 맞는다. 그 지역의 대표적 문화·관광 브랜드로 유명세를 탄 지 이미 오래다. 앞으로 주유형에서 체류형 관광으로 여행 패러다임이 바뀌고 있는 추세를 감안할 때 머무르면서 여행하는 지역경제 낙수효과를 상당히 기대할 수 있다.

관광 으뜸도시를 표방하고 있는 시흥시로서 당국과 시민의 관심이 모아져야 할 대목이 아닐 수 없다. 역사적 가치를 지닌 향토유적을 잘 가꾸고 보존하는 일은 지방정부와 시민의 기본적 의무이다.

무릇 자기를 존중하고 계발하여 스스로 존재가치를 높일 때 남도 알아주는 법이다. 청자의 고장임을 자랑스럽게 여기며 브랜드 가치를 드

높이는 다른 시군의 사례를 타산지석으로 삼아 우리 시의 문화재와 관광자원이 방치되거나 사장되는 일이 없도록 찬찬히 살펴볼 일이다. 반듯한 도예촌과 도자박물관이 있는 방산대요를 꿈꾸는 것이 한갓 망상에 불과한 일일까 자문해 본다.

〈2011. 9. 2.〉

여성의 '삶의 질' 향상과 여성친화도시

며칠 전 정부 고위직을 지낸 인사와 회동약속이 있어 강남 테헤란
로에 위치한 약속 장소로 갔다. 어느 골목길에서 그와 만나 함께 걸어
가는데 나이가 한 50대 후반 쯤 들어 보이는 아줌마들이 다가와 광고
전단지를 건네는 것이었다. 나는 순간 측은한 생각이 들어 얼른 받아
들었다. 하지만 나의 동료는 정색을 하며 타이르듯 그들에게 말했다.
"당신들, 집안일은 안 하고 여기 나와 뭘 하는 거요? 가정을 잘 지키
세요." 나는 순간 망연자실했다. 얼마나 곤궁하면 많은 행인을 상대로
머리를 조아리며 전단지를 돌리고 있을까 하는 동정심이 앞섰기 때문
이다. 그의 말에도 물론 일리는 있다고 본다. 증가하는 문제가정을 떠
올리며 노파심에서 가정의 소중함을 일깨워 주고 싶었을 것이다. 아무
튼, 가정도 지켜야 하고 돈도 벌어야하는 팍팍한 생활 형편이 대다수
서민이 처한 작금의 현실이다.

언제부터인가 여성의 고용시장 참여는 선택이 아닌 필수로 바뀌고

있다. 기존의 남성 일인 생계부양모델은 힘을 잃어가고 있다. 맞벌이 부부의 증가가 이를 반증하고 있지 않은가. 지난 해 통계청이 발표한 자료에 따르면, 남편 10명 중 8명 이상이 맞벌이를 희망하는 것으로 나타났다. 대부분의 부부가 함께 벌지 않으면 안 될 처지에 놓인 것이다. 여기에는 생계차원을 떠나 자기실현을 위해 자진 직업을 갖는 여성들도 적지 않을 것이다. 캐리어우먼이라 불리는 이들은 남성과 어깨를 겨루며 나름의 경력 닻(career anchor)을 좇아 적극적으로 경제활동을 펼치기도 한다. 특히 공공부문에서 여성의 진출은 괄목할 만하다. 그간 부진했던 대기업 진출도 점차 개선될 것으로 보인다.

그러나 현실은 그렇게 녹록치 않다. 여성의 삶의 질 향상에 영향을 미치는 여성의 고용시장 참여는 일과 가정의 양립에 따른 역할갈등, 여성노동의 질 저하 등의 문제에 봉착하게 된다. 경제위기와 가정 경제난은 주부로 하여금 맞벌이 현장으로 내몰고 있지만, 대체로 40대, 50대 여성들에게는 대형마트와 식당 외에 별로 일할 곳이 없다는 게 엄연한 현실이다. 여성노동의 질 저하 문제는 차치하고, 여성들의 높아진 학력 수준과 성취 욕구는 취업 및 창업 시장의 무한경쟁을 심화시키고 있다.

한편, 급변하는 산업 환경과 고용시장의 고급인력 요구는 여성근로자들을 끊임없는 자기개발에 몰두하게 만들고 있다. 따라서 기존의 성역할 이데올로기에 기초한 가사분담 방식으로는 변화된 환경에 적응하기 어렵게 되었다.

2010년 통계청의 '생활시간 사용조사' 결과를 보면, 대부분의 남성들이 여전히 구태의연한 성역할관계에 안주하고 있다는 사실에 적잖이 놀라게 된다. 성인남자의 가사노동시간은 42분으로 5년 전보다 6분 증가했을 뿐이고 여자의 경우는 3시간 35분으로 5분 감소에 그친 것으로 나타났다. 실제로 평소 부부간의 가사분담 실태를 인터뷰한 결과를 보더라도 공평하게 분담하고 있다는 응답은 부부 모두 합쳐 10% 내외에 불과한 것으로 나타났다.

미국의 사회학자 혹쉴드(Hochschild)는 이와 같이 인식과 실천 사이의 괴리에서 비롯되는 남성들의 이중적 태도를 '지체된 혁명(stalled revolution)'이라 표현했다. 이러한 현상은 21세기를 맞이하고도 정도의 차이는 있으나 동서양이 동일하게 겪고 있는 일이다. 우리나라도 예외는 아니다. 일과 가정의 양립과정에서 노정되는 부부갈등과 여성의 경력단절, 그리고 잘못 선택되는 이혼과 가정파탄 등이 한국사회가 당면한 지체된 혁명의 구체적 사례로 적시되고 있다. 2005년부터 여성가족부는 여성정책의 핵심을 일과 가정의 양립에 두고 여성의 삶의 질 향상을 위한 역량 강화, 일과 생활의 조화 추구 등을 실천과제로 추진하고 있다.

시흥시는 작년 여성가족부로부터 여성친화도시로 지정됐다. 여성친화도시의 지정 배경에 대해 시 담당공무원은 "여성을 중심으로 안전하고 편리한 삶을 추구하며 참여와 소통, 배려가 보장되는 가족친화적 환경을 조성해야 한다. 일과 가정이 양립될 수 있는 여건을 마련하여 살고 싶은 우리 마을을 만드는데 기본취지가 있다."고 설명했다. 진정한 여성친화도시의 실현은 여성과 책임을 공유한 남성들의 태도변화와 적극적인 협조에 달려 있다 하여도 과언이 아닐 것이다.

〈2011. 10. 7.〉

미래 도시비전을 생각한다

　시흥시민의 정주의식 강화와 삶의 질 향상을 도모하기 위한 기초작업으로 '시민 삶의 질 실태조사'가 진행 중이다. 2013년 시흥 100주년을 맞아, 미래 시흥 100년의 비전을 제시하고 시민이 주인이 되는 행복한 도시를 만들기 위한 기초자료로 시흥시는 이를 활용할 것이라고 한다. 현재 전문리서치 조사원들이 관내 1,000가구를 직접 방문하여 주거, 환경, 교육, 교통, 여가, 복지, 고용 등 7개 분야 80여 개 항목을 면접방식으로 조사하고 있다. 미래 시흥의 도시비전을 새롭게 재조명한다는 점에서 뒤늦은 감이 있지만 다행스러운 일이라고 본다.

　최근 정책학의 화두인 빅데이터, 집단지성의 개념도 기초통계와 중지의 중요성을 시사하고 있다. 다만, 이번 조사에서 다수의 시민이 공감할 수 있는 올바른 정책 비전과 대안이 도출될 수 있을지에 대한 염려가 없는 것은 아니다. 시당국과 리서치기관이 얼마만큼 깊이 있게 다른 도시와 차별되는 시흥시의 고유한 면모를 읽어내고 이를 토대로 시의적절한 질문지를 만들었는지 궁금하다. 그리고 도시 관련 전문가 그룹이 아닌, 평범한 일부 시민들에 대한 의견수렴이라는 점에서 주민 욕구 파악과 도시 인프라 보강 면에서는 도움이 되겠지만, 100년 도시 비전을 창안하는 차원에서는 한계가 있어 보인다.

설문지 개요에 나타난 분야별, 영역별 질문내용을 살펴보면 이유와 만족도를 묻는 문항이 주조를 이루고 있다. 이는 거시적인 비전제시보다는 생활현장에서의 문제점 개선, 생활 공감의 확대 등에 주안을 두고 있다는 증거이다. 시관계자도 "이번 조사는 6개시와 6개구를 분가 시킨 종가시(宗家市)로서의 자긍심을 고취하고 생명도시 구현을 위한 기초자료 마련에 방점이 있다."고 밝히고 있다. 생명도시 구현이란 전제 아래 분야별 실천계획(action plan)을 마련하는 일이 주된 관심사인 셈이다. 한 도시의 정책비전을 설계하는 일은 시민에 대한 의견조사를 포함하여 광범위한 거버넌스적 합의과정을 거쳐야 가능한 일이다. 이미 수립되어 있는 미래 시흥시의 청사진을 바탕으로 보다 개선된 계획안이 나와야 하는 것이다.

현재 시흥시의 슬로건인 '미래를 키우는 생명도시 시흥'은 100년 비전까지는 몰라도 상당히 매력 있는 도시 비전이라 본다. 문제는 생명도시의 개념을 둘러싼 내포와 외연이 불명확하고 모호하다는 점이 흠이다. 추상적인 이념과 이상으로서의 도시비전을 현실로 끌어내려 이를 구체화시키려면 실천계획으로 나타나야 하며, 상위목표가 명료하지 않으면 하위목표와의 연결고리가 약해져 중구난방이 되기 쉽다.

생명도시를 제대로 접근하자면 그 연원을 이루는 건강도시(healthy cities)와의 상관성을 먼저 파악해야 한다. 생명도시는 건강도시의 본질을 내포하면서 외연을 확대한 개념으로 이해해야 옳다. 건강도시의 출발은 1977년 세계보건기구(WHO)가 천명한 '만인을 위한 건강(Health for All)'과 1978년 알마아타선언(Declaration of Alma-Ata)에서 비롯된다고 할 수 있다.

'만인을 위한 건강'은 건강을 위한 자원들이 골고루 분포되어야 하며 중요한 건강의료가 모든 사람에게 개방되어야 하고 건강은 가정, 학교, 직장 등 여러 생활현장에서 보호되어야 한다는 점을 강조하고 있다.

또 알마아타선언에서 건강은 단순히 질병이 없거나 허약하지 않는 것이 아니고 신체적, 정신적, 사회적으로 온전한 안녕상태(well-being)를 의미한다. 높은 수준의 건강을 건강의 영역 외에 다른 정치적, 경제적, 사회적 영역 등의 활동과 연계시켜 정의했고 건강권은 인간의 기본권이라는 점을 역설했다. 말하자면 건강의 도시화, 사회화를 주창한 것이었다.

건강도시운동은 유럽에서 시작 되어 지금은 세계전역으로 퍼져 활발하게 진행되고 있다. 우리나라의 많은 도시들이 서태평양지역의 '건강도시연맹'에 가입되어 있으며 시흥시도 2008년에 회원으로 가입하였다. 우리나라 건강도시네트워크인 건강도시협의회에는 60개 도시가 참여하고 있는데 시흥시도 2009년에 가입한 바 있다. 이번 실태조사를 통하여 생명도시 시흥시가 다른 건강도시 보다 더 충실한 개념의 건강도시, 생명도시로 발전하기를 바란다. 건강과 행복을 추구하는 생명도시 시흥을 위해 다 같이 홧팅을 외쳐본다.

〈2012. 11. 23.〉

시민 행복지수 높이는 문화복지

"문화가 그림의 떡이 되면 안 됩니다. 낫을 놓은 농부가 저녁엔 바이올린을 켜는 모습을 유럽에서 많이 봤습니다. 삶 속의 문화가 중요합니다." 몇 해 전 어느 시골 교회에 오케스트라악단을 창설한 어느 목사의 말이다. "우리 아이들이 교회에서 음악과 문화를 배우고 향유하는 기회를 가질 수 있어 도시생활이 부럽지 않다."면서 주민들이 매우 만족해하고 있다고 한다.

근래엔 시민의 삶의 질, 행복지수를 결정짓는 요소로 경제적 소득 이외에 사회·문화적 요인이 중시되고 있다. 미국의 경제학자 이스털린은 미국의 실질임금이 지난 30년간 2배로 증가했으나 국민의 행복수준은 변함이 없었다며 삶의 질이나 행복을 측정하는 데 경제적 요인만으로는 한계가 있다고 지적했다. 이를 보완하기 위해 사회적 관계, 문화향유 등의 비경제적 측면을 고려해야 한다고 강조했다. 소위 '이스털린 역설'이 그것이다. 국민소득 만 불을 임계점으로 소득수준이 그 이상이 되더라도 행복과 삶의 질에 별 영향을 미치지 못한다는 이론이다.

우리나라 국민행복지수는 소득에 비해서 지나치게 낮다는 데에 문제의 심각성이 있다. 경제협력개발기구(OECD) 30개국 중에서 25위로 행복지수가 하위권을 점하고 있다는 사실이 믿기지 않을 정도이다. 2009년 한국보건사회연구원에서 OECD의 국가행복지수(NIW)를 분석한 결과, 이 같은 현상을 기정사실로 받아들이고 개선의 필요성을 강조했다.

유엔이 매년 발표하는 인간개발지수(HDI)는 소득 이외에 교육수준, 평균수명, 유아사망율 등 다양한 객관적 지표를 포함시키고 있다. 개인의 주관적 안녕감(SWB)이 삶의 질 측정에 있어 중요하다는 사실을 1995년에 미국 심리학자 에드 디너가 주장한 이래 사회적 관계, 개인의 긍정적 정서(positive affect), 문화향유 여부가 주목을 받게 되었다. 특히 생활 속에 문화를 스며들게 하여 배움과 향유의 즐거움을 배가시키는 일이 관건이었다. 이른바 '문화복지'를 일컫는다. 문화복지는 '긍정적 심리자본'을 기반으로 문화를 학습하고 향유하는 가운데 증진된다. 그것은 시민행복지수를 높이는 데 불가결한 요소이다.

시흥시는 2012년에 '시민 삶의 질 실태조사'를 실시한 바 있다. 당시 조사의 목적은 결과보고서가 밝히고 있듯이, 시흥시 주민의 삶의 질과 복지, 정책욕구 등에 관한 주관적 인식을 측정하는 데에 있다고 했다. 이 보고서는 문화와 여가항목에 대하여 다음과 같은 설명을 붙이고 있다.

"물질적 요인 못지않게 정신적 가치와 밀접한 관련이 있는 문화생활 내지 여가생활이 삶의 질을 구성하는 요소가 되고 있다. 국민소득이 높아지고 개개인의 삶과 가치가 더 중시됨에 따라, 일 이외의 활동과 정신활동을 가능하게 하는 여건에 대해 주목하게 되었다."

그런데 이렇게 중요한 문화와 여가부문 설문 문항이 모두 90개 문항 중 2개 문항뿐이어서 분야별 문항배분에 있어서 균형을 이루지 못하고, 삶의 질의 가치에 따른 가중치도 별로 감안하지 않은 듯 보인다. 2개의 문항내용은 지역문화행사의 인지도와 참여 여부를 묻는 것이었다.

이 두 가지 응답사실을 가지고 문화 및 여가생활 만족도를 산출했는데 얼마나 내용적 타당성이 있는지 고개가 갸우뚱해진다. 무릇 문화행사란 일회성 행사를 넘어 시민의 가슴 속에 문화예술을 느끼게 하고 이를 향유토록 하는데 진정한 의미가 있다. 삶의 질, 행복의 증진과 관련해서는 더욱 그렇다.

2000년대 중반부터 문화체육관광부에서는 '사회적 취약계층의 문화향유 기회확대' 차원에서 약 1,300억 원의 문화복지 예산을 집행하고 있다. 그 동안 사회복지사와 문화예술 기획인력이 '문화복지 프로그램'을 담당해 왔지만 형식적인 진행 등으로 전문성이 부족하다는 지적을 받아 왔다. 문화 사각지대 해소와 올바른 여가문화 생활의 보급을 위해서 문화복지사 제도의 도입이 검토되고 있다.

이제 경제선진국 위상에 걸맞게 행복후진국의 불명예를 벗고 행복
선진국으로 발걸음을 내디딜 시점이다. 시민의 삶의 질, 시민행복지
수를 높이기 위해서 이제부터라도 문화복지의 의미를 되새기며 문화
와 예술을 누리고 사랑할 줄 아는 시흥시민으로 거듭나게 되기를 염
원한다.

〈2013. 9. 13.〉

진로교육, 자아실현과 행복의 길

어느 진로교육 모임에서 사회자가 질문을 던졌다. "어린 자녀가 장성했을 때, 그 아이가 무슨 일을 해서 먹고 살지 생각해 보셨나요?" 선뜻 대답하는 사람이 없어 장내는 조용해졌다. 필자는 속으로 중얼거렸다. "네, 걱정이 좀 되네요. 진로지도 잘해서 잘 돼야겠지요." 그 후 그 질문이 떠오를 때면 손자 녀석들의 불확실한 미래가 눈에 어른거렸다.

'2014 학교진로교육 실태조사'에서 중·고교생 10명 가운데 3명꼴로 희망하는 직업이 없다는 응답이 나왔다. 적지 않은 학생들이 장래진로에 대한 개념이 없이 생활하고 있다.

진로교육은 학생들이 자신의 잠재능력을 발견하고 복잡한 직업의 세계를 잘 이해하도록 도와준다. 자신의 진로를 합리적으로 결정하는 능력을 배양하는 효과도 있다. 이는 학생의 자아실현과 행복감을 증진시키며 나아가 나라의 인재를 적재적소에 배치하는 기대효과로 연결된다.

진로지도, 가정에서부터 시작된다.

자녀는 부모를 닮고 부모는 자녀의 거울이 된다. 부모만큼 자녀의 본래 면목을 잘 파악하고 있는 사람은 없다. 태어난 순간부터 스킨십을 나누며 일거일동을 관찰한 금지옥엽이었으니 말이다.

그러나 단순한 관심과 애정만으로 진로지도가 이루어지지 않는다. 자녀의 꿈과 끼가 어디에 있는지 주의 깊게 살피며 발달단계에 따라 적절한 진로지도를 해주어야 한다. 아직 정신적으로 미숙한 청소년들이므로 장래 진로와 관련된 문제들을 스스로 해결하기에는 역부족이다.

대체로 알려진 진로지도 순서는 다음과 같다. 먼저 유아기와 초등학교 때는 진로의 의미를 인식하고 관심을 갖는 시기이다. 중학교 시절은 시행착오를 거치면서 다양한 진로를 탐색하는 시기이다. 고교 때는 진로계획(career planning)이 어느 정도 윤곽이 잡히는 시기에 해당한다.

유아가 해당 발달단계에서 유난히 자동차 장난감을 좋아하는 모습을 보이면 부모는 그 놀이에 집중할 수 있도록 배려해 주고, 가능하면 함께 참여하여 아이의 소질과 적성을 파악하는 기회로 삼아야 한다. 나중에 훌륭한 엔지니어로 성장할 수 있는 가능성을 얼마나 구유하고 있는지 면밀히 관찰하는 태도가 진로교육의 첫걸음인 것이다.

아이가 사회진출의 첫 단추를 잘 꿰어 적성에 맞는 직업을 선택하고 능력을 최고도로 발휘할 수 있다면 진로교육의 목적은 일단 성공이다.

진로교육은 가정에서 출발하지만 학교에서 체계적으로 이루어진다.

현 정부 들어 추진하고 있는 자유학기제는 '2013 진로교육 활성화 방안'과 더불어 학생들의 진로탐색을 실천하기 위해 도입된 획기적인 진로교육제도이다. 현재 중학생을 대상으로 한 자유학기제는 한 학기 동안 교과수업을 줄이고 해당 시험을 면제하는 등 직업체험 활동을 의무화하는 제도적 장치이다. 제대로 시행된다면 실효성이 있는 제도라고 본다.

올해로 자유학기제가 전체 중학교의 70%까지 확대 실시될 예정이지만 직업체험기관의 부족과 지역별 인프라의 격차로 시행에 어려움이 많을 것 같다. 실제로 이 제도의 성패는 하드웨어적 측면보다 소프트웨어적 측면이 더 중요하다. 가정이나 학교는 진로교육의 취지에 공감하면서도 입시위주의 교육에 단련된 나머지 또는 불비한 여건과 번거로운 절차를 핑계로 유명무실해질 공산이 있다. 진로보다 진학에 집착하여 소탐대실의 우를 범하는 일이 없도록 철저한 준비가 필요하다고 하겠다.

한국의 아인슈타인을 꿈꾸어라

요점은 학생들이 자기의 적성과 소질을 경시하거나 바른 진로선택을 포기하지 말라는 것이다. 그들이 미래의 꿈을 품고 가꾸면서 그 동기가 공부를 이끌어 학업성취와 진로개발이란 두 마리 토끼를 모두 잡을 수 있도록 주위에서 조력해야 한다.

이점에서 과학자 아인슈타인의 생애는 우리에게 교훈적이다. 비록 넉넉지 않은 집안형편이었지만 자유스러운 집안 분위기 속에서 아인 슈타인은 타고난 재능을 살려 스스로 질문주제를 하나씩 하나씩 탐구 해 나갔다. 일심으로 전력투구한 생각의 달인이었다고 할까. 그는 오늘날 진로교육에서 모범적인 인물로 떠오른 지 오래다.

〈2015. 3. 27.〉

다문화가정 지원정책을 돌아본다

외국인 주민 수가 눈에 띄게 증가하고 있다. 국내거주 외국인 주민 수는 2006년 약 54만 명이던 것이 2015년 11월 현재 171만 명이 되었다. 10년 동안에 3배 이상의 증가세를 보이고 있다. 총인구 5107만 명 대비 3.4%의 비중을 차지한다.

1980년 중반 이후부터 국제결혼, 외국인근로자의 이주 등으로 늘어나는 '다문화가정'은 2006년 당시 교육인적자원부가 발표한 '다문화가정 자녀교육 지원대책'에서 처음 언급되어 정책담론으로 자리 잡았다. 2008년 제정된 다문화가족지원법 제2조에 따르면 '다문화가족'을 정의하기를, 결혼이민자 등 외국인과 한국인으로 이루어진 가족으로 규정하고 있다.

그런데 문제는 외국인 주민의 상당수가 사회경제적으로 취약한 계층에 속하여 보호와 관리가 필요하다는 점이다. 특히 결혼이주여성에 대한 가정폭력, 자녀교육의 문제는 심각한 사회문제로 떠올랐다.

정부는 2006년 다문화, 다민족사회로의 전환이라는 정책의제를 단연 선언하고 정부 주도의 다문화시책을 펴기 시작한다. 국가적 차원에서 다양한 문제점을 점검하고 다문화현상을 사회 전체의 역동성과 창의성으로 전환하는 작업의 필요성을 인식하게 된 것이다. 당시 유엔 인종차별철폐위원회는 한국인의 문화지능(cultural intelligence:CQ)을 거론하면서 단일민족에 대한 우월감과 집착이 한국인의 외국인근로자에 대한 다양성관리에 어려움을 줄 수 있다는 우려를 나타낸 바 있다.

여기에서 문화지능이란 다른 문화의 사람들과 호혜적으로 어울리고 일하는 문화교감능력을 말하는데 개인적, 집단적 수준에서 소통을 원활히 하고 효과적으로 협력하는 기능이 있다.

현재 대부분의 다문화정책은 중앙정부가 수립하고 지방자치단체에서 집행하는 형태를 띠고 있다. 지방자치단체는 지역공동체에 터 잡은 이주민들에게 각종 서비스를 제공하고 인권을 보장하며 지역사회의 주체적인 일원으로서 생활할 수 있도록 지원하는 데 중점을 둠으로써 중앙정부의 역할과 비교된다. 이주 외국인에 대한 일반적 생활지원 활동은 지방자치단체와 지역 사회복지기관, 그리고 전국적인 서비스 공급체계를 갖춘 다문화가정지원센터에서 이루어지고 있다.

특히 다문화가정지원센터는 사회복지사업법에 근거한 사회복지시설로 이주민의 생활 공감과 삶의 질을 향상시키기 위한 정부의 활동을 전달하고 실천하는 기능을 수행한다. 중앙정부에서 수립된 다문화정책과 프로그램을 활용하여 다문화행정서비스를 제공하는 것이다. 종사자들은 정책의 전달체계상 공무원에 비해 이주민과의 접촉 지점이 넓어 밀접한 관계를 형성하게 된다.

다문화가정지원센터는 2006년에 설치되어 2016년 12월 말 기준 전국 217개소가 운영되고 있다. 여기에 투입된 재정현황은 국비지원 기준으로 2011년에 120억 원이, 2013년에는 212억 원이 투입되는 가파른 증가세를 보이고 있다.

그런데 정책효과 면에 있어서 다소 회의적인 평가가 없지 않다. 예컨대, 지역별 수요를 고려하지 않은 과소 또는 과잉 공급의 문제, 인센티브 체계의 부재, 백화점식 사업 수행 등이 지적되고 있다. 다문화가정지원센터에서 추진하는 대부분의 사업과 프로그램이 여성가족부에서 마련한 기본 프로그램에 따라 운영되므로 지역의 특성과 결혼이민자의 처지 등이 고려된 맞춤형 프로그램으로의 개선이 요망된다고 하겠다.

이주민 사회통합 차원에서 볼 때 여성가족부가 통합적인 전담부서가 되기에는 한계가 있어 보인다. 현재 각 부처들이 개별적으로 이주민정책을 추진하여 통합과 조정의 시너지효과를 내기에는 역부족이다. 여성가족부, 고용노동부, 법무부, 교육부, 보건복지부 등의 각개 약진에 따른 중복지원, 정책의 사각지대 등이 원인이다.

지방자치단체 차원에서 이주민 사회통합을 총괄하는 조직의 설치, 의견수렴을 위한 제도의 도입 등 통합을 위한 인프라가 좀 더 보강되어야 할 것이다.

〈2018. 4. 20.〉

제5부

도시재생 및 지역개발

지역공동체에 희망과 미래를 심자

기축년 새해가 밝았음에도 불구하고 시민들이 느끼고 있는 행복체 감지수는 결코 밝지 않은 것 같다. 이를 두고 새해 원단의 자치신문 만평은 '새해에는 더욱 험난할지 모른다. 그러나 소의 발걸음처럼 꿋꿋이 걸어가련다.'는 격려 메시지를 전한 바 있다.

울리히 벡의 위험사회(risk society)를 거론하지 않더라도 여러 가지 크고 작은 위험은 이미 우리 생활주변 깊숙이 침투하여 안전과 평화를 위협하고 있다. 그 중에서도 경제적 빈곤과 실직의 위험은 개인의 고통과 가족의 해체를 수반할 수 있다는 점에서 심각한 면이 있다.

산업화되기 이전 보릿고개를 초근목피로 넘겨야 했던 곤궁한 시절이 있었지만. 가깝게 10년 전의 IMF 때와 지금을 비교해보자. 그때보다 지금이 더 힘들다고 말하는 사람들이 의외로 많다. 그때는 빚더미에 앉은 대기업들이 부채를 갚지 못해 도산하면서 대량실업이 발생했지만. 지금의 경우는 상대적으로 가정과 중소기업이 수입이 감소하고 빚이 증가하는 가운데 일반 국민의 경제적 고통이 심화되고 있다는 점이 특징이다.

현 정부는 국정의 지표로서 잘사는 국민, 따뜻한 사회, 부강한 선진 일류국가를 표방하고 있다. 잘사는 국민 실천 구호로 '747 공약'을 내걸었던 일은 익히 다 아는 바다. 10년 내 7% 경제성장, 1인당 국민소득 4만 달러, 세계 7대 강국으로 진입하겠다는 청사진이 그것이다. 지금 생각하면 국내외 경제 동향에 대한 무지와 과욕의 산물이 아닌가 싶기도 하다.

따뜻한 사회의 구현은 앞서의 잘 사는 국민 슬로건과 상호 보완성을 갖는다. 복지제도 확충과 사회안전망 구축에 관한 사항으로 성장에 따른 공정하고 자비로운 분배, 나눔에 관한 논의이다.

중앙정부가 국민에게 정책비전을 수립하여 홍보하듯이, 지방정부도 지역주민에게 희망과 사랑이 담긴 정책 청사진을 제시하고 지지를 얻어야 한다.

시흥 시의 주요한 정책 사업은 어떤 것이 있는가. 경제 한파에 떨고 있는 시흥시민에게 희망적인 경제관련 시책을 일거한다면 우선적으로 주거환경개선, 개발이익 공유 등이 담긴 도시계획이나 도시개발 사업을 꼽을 수 있다. 면적의 7할이 푸른 자연으로 되어 있고 수도 서울에서 서해안에 이르는 가장 지근거리에 위치한 관광요지로서 18km의 해안선과 폐염전, 내만갯골 등 잠재적인 환경관광자원의 보고로서 손색이 없다.

현재 이곳을 무대로 갯골생태공원조성사업, 군자지구도시개발사업, 시화MTV개발사업 등이 신행 중에 있다. 필자는 우리 시가 품격과 개성이 있는 환경관광도시로 발돋움하기 위해서는 우선적으로 시민과 함께하는 자치정부 리더십이 확립되어야 하고 향토에 대한 올바른 역사인식을 바탕으로 집중과 선택의 원리에 따라 상기한 도시개발사업이 추진돼야 할 것이라고 믿는다.

위 사업 모두 시흥시의 대표적 랜드마크에 해당되는 큰 사업이다. 특히 갯골생태공원은 사행성 내만 갯골에 자리 잡은 중부지역 유일의 생태습지 학습의 장으로서 경기도가 지정한 시흥시 대표축제의 장소이기도 하다.

문제는 인근 부지에 건설계획이 설왕설래되고 있는 대중골프장에 관한 것이다. 교통·영향평가 등 사업승인에 필요한 절차를 거치는 과정에서 충분한 검토가 이루어지겠지만, 반드시 광범위한 시민의 컨센서스를 기초로 신중히 결정되어야 한다는 점을 강조하고자 한다. 갯골생태습지와 바로 인접한 대중골프장이 토지의 용도에 있어서 병존할 수 있는 관계인지, 혹여 타방의 환경가치를 심히 훼손하는 것은 아닌지를 엄밀하게 따져 보아야 한다는 말이다. 서로 멀리 떨어져 위치한다면 얼마나 다행스러운 일인가. 우리 지역공동체에 희망과 미래를 심는 일은 시정부와 시민사회, 기업계가 하나의 거버넌스 구조를 이루어 협력하는 가운데 가능한 일이다.

〈2009. 1. 23.〉

희망마을 만들기와 시흥형 사회적기업

'희망마을 만들기' 프로젝트가 시민의 관심을 끌고 있다. 북부, 중부, 남부생활권역으로 나누어져 있고 같은 권역 내에서도 다핵적으로 분산된 마을형태가 많은 시흥시의 지리적 특성을 감안할 때, 차별화된 마을환경 조성사업은 바람직한 일이 아닐 수 없다. 민·관 거버넌스 차원에서도 매우 고무적인 일이다.

주민주도의 특색 있는 마을 조성

그간 마을 만들기 사업은 부분적으로, 간헐적으로 추진되어 왔다. 2007년 3월 건설교통부가 추진한 시범마을사업으로 '상쾌한 마을 정왕2동 만들기'프로젝트가 선정된 바 있고, 그해 10월에는 정왕3동 주민자치센터와 주민자치위원회가 중심이 되어 '지역복지공동체 만들기 사업'을 추진한 바 있다.

올 초 시흥시는 '희망마을 만들기' 공모사업을 벌여 7개 마을사업을 선정했다. '품앗이가 있는 한신아파트 생명순화마을', '은행지하보도 공간을 활용한 은행갤러리', '매화동의 이야기가 있는 호조벌' 등이 포함되어 있다. 모두 지역주민이 주체가 되어 진행하는 사업들로 글자 그대로 희망을 생산하는 마을 사업이다.

희망마을 만들기 사업의 원형은 1950년대 후반부터 시작된 일본의 '마찌(町)즈꾸리'운동에서 찾아볼 수 있다. 우리나라의 '새마을운동'에 비견되는 이 운동은 과학적 사고에 토대를 둔 주민들의 자발적 주거환경 개선으로부터 점차 거버넌스적 시민운동으로 발전되어 왔다. 1970년대 초에는 산업화에 따른 공해문제 해결에 주력하였고 그 후 지구 환경차원의 도시정비와 재개발사업 등으로 확대되었다. 여기에서 눈에 띄는 것은 특색 있는 마을 조성을 지원하기 위한 조례의 제정이 보편적으로 이루어졌다는 사실이다. 일본의 지방자치제도가 뿌리를 내리는데 크게 기여했다.

지난 1월 시흥시는 사회적기업 육성방안의 하나로 시흥형 사회적기업 육성 및 지원을 위한 설명회를 가졌다. 여기에서 시는 예비 사회적기업 지정 이전의 창업단계에서부터 창업보육을 실시하겠다고 밝혔다.

사회적기업이란 주로 취약계층에 대한 일자리 제공 등 사회적 목적을 위해 영업활동을 하는 기업으로, 발생한 수익을 동일 목적에 재투자한다는 점에서 일반기업과 구별된다. 현재 전국에 총 406개의 사회적기업이 존재하는데 시흥시엔 4개 기업이 활동 중이다. 수익성이 낮고 재정자립이 취약해 기업의 지속가능성에 우려가 제기된 상태다.

한편, LH공사가 주관하는 '마을형 사회적기업' 육성시책의 성공여부도 관심의 대상이 되고 있다. 2010년 9월 능곡동이 그 시범사업지로 선정되어 진행 중이다. 처음 시행되는 사업이니만큼 주도면밀한 계획과 집행이 필요할 것이다. 마을형 사회적기업은 일정한 지역을 기반으로 지역자원을 활용하여 취약계층을 돕는 방식으로 새로운 지역사회 개발 모델로 자리 잡을 가능성이 높다.

일자리 창출과 지역경제 활성화에 기여

'시흥형 사회적기업'이나 '마을형 사회적기업'은 모두 소위 '커뮤니티 비즈니스'(마을회사 또는 자립형 지역공동체기업)의 한 형태로서 공공서비스의 유형이 수동적인 위탁관리에서 한걸음 나아가 능동적인 공익지향의 사회적기업으로 진화하고 있음을 보여주고 있다. 때맞춰 행정안전부도 2010년 9월부터 '1마을 1공동체기업'이란 표어를 내걸고 커뮤니티 비즈니스를 장려하는 시책을 펴고 있다. 전국 시·군·구 당 1개소씩 232개소를 지정하여 모두 3,500개의 일자리를 만드는 사업을 추진 중에 있다. 시흥시에 일기 시작한 커뮤니티 비즈니스의 바람이 소기의 성과를 거두어 일자리 창출과 지역경제 활성화에 도움이 되기를 바라마지 않는다.

〈2011. 4. 8.〉

주민의 뜻 무시한 장현지구 공업지역 지정

　장현 보금자리주택지구 내에 공업지역이 지정될 것으로 알려져 인근 주민들의 반발움직임이 거세지고 있다. 경기도 보도자료에 의하면, 시흥은계지구와 부천옥길지구 공장들을 장현지구로 이전하는 안건이 지난 해 12월, 수도권정비실무위원회 심의를 통과하였다고 공표했다. 신동복 경기도 택지계획과장은 "도내 공장이주대책 수립의 필요성을 감안할 때 이번 수도권정비실무위원회 결정은 매우 바람직한 것으로 본다."며 만족을 표시했다.

　한편, 보금자리주택의 추진주체인 토지공사(LH) 광명·시흥사업본부의 보도자료는 어떠한가. LH는 장현지구 공업지역 도입배경으로 도시자족기능 강화를 내세우면서 사업촉진의 필요성을 강조하고 있다. 요지는 시흥시와 은계지구 주민대책위원회의 '선 이주, 후 철거' 요구가 지속되어 부득이 공업지역 지정을 통한 공장이전을 추진할 수 밖에 없다는 것이다.

경기도와 LH의 보도자료를 종합하면, 이번 사안은 경기도와 LH가 주동이 되어 정책결정을 주도한 형태를 띠고 있다. 두 조직이 광역적 차원에서 의기투합하여 앞에서 끌고 뒤에서 미는 형국을 보이며 결정 라인의 하나인 수도권정비실무위원회의 심의를 가결로 이끌어 낸 것이다.

여기에서 LH는 기구의 성격상 공익을 표방하기는 하나 수익을 챙겨야 하는 특수한 공기업이란 점에서, 더군다나 시급한 재정난을 타개해야 하는 처지에 놓여있어 더 이상의 논의는 유보하고, 상급 광역지방자치단체인 경기도와 시흥시에 대하여 물음표를 던져 보도록 하자.

경기도는 상기한 신 과장의 언사가 보여주듯 아무 정책오류도 범하지 않은 정당성을 갖고 있다고 자신할 수 있는가. 무릇 정책이란 국민 또는 주민의 삶의 질, 주민의 뜻과 가치를 실현하는 목적성을 감안할 때 주민의 반응에 따라 정책의 성패가 좌우되는 경우가 허다하다. 정책대상의 순응과 불응이 정책과정에서 중요시되고 있는 이유가 여기에 있다. 경기도는 탁상 위의 추상적 타당성이 아니라 현장의 구체적 타당성을 확보하기 위해 얼마나 노력하였으며 시흥시의 의견을 얼마나 비중 있게 수용하였는가를 반성해 볼 일이다.

이와 관련하여 김윤식 시흥시장은 "작년 10월 경기도로부터 장현보금자리 내 공업지역 지정에 대한 의견제출 요청을 받았고 이에 대하여 그 필요성에는 동의하지만 장현지구는 주거지역에 인접하여 적절하지 않음을 전달했다."며 "그러나 공업지역 지정이 불가피할 경우 환경영향에 따른 피해를 최소화하는 방안 등을 요구했다."고 말하고 있다. 단호한 표현 대신 뒤를 열어 놓는 모호화법을 구사하고 있음이 눈길을 끈다.

이 대목에서 아쉬운 점은 장현지구 내 공업지역 조성이 입지조건에 맞지 않은 이유로서 주거지역 운운 외에 근접거리에 있는 시흥갯골습지 및 생태공원의 존재를 선명히 부각시켰어야 했다. 즉, 환경보전의 입지조건을 거스르는 내용적 부당성을 보다 강하게 전달했어야 했다. 형식적, 절차적 측면에서도 시당국은 소극적 자세를 견지하고 있음을 본다.

작년 10월 경기도로부터 의견요청이 왔을 때에도 사안의 중요성을 인식하고 보다 적극적인 대주민조치를 취했어야 했다. 이를 두고 당해 지역구 함진규 의원은 "공장이전문제에 대해서 처음부터 장현, 장곡, 능곡 3개 동이 함께 모여 공청회나 설명회를 실시해야 한다고 주장했지만 현재까지 이루어지지 않고 있는 실정"이라며 우회적으로 시당국의 무사안일행정, 늑장행정을 지적하고 있다. 국책사업이란 명분 하에 과거 관치행정시대에서나 있을 법한 행정편의주의가 주민자치의 모범 시·도에서 벌어지고 있다는 현실 앞에 아연실색할 따름이다.

해당 인근 주민들은 이러한 기이한 현상에 대해 분노하고 있다. 특히 능곡지구연합회는 장현, 장곡연합회와 연대하여 국회청원 절차를 위한 주민동의서 서명 작업에 착수했다.

민주성과 반응성, 타당성이 결여된 정책추진은 주민의 저항에 부 딪치기 쉽다. 이를 두고 지역이기주의라고 폄훼할 수 없는 것이 부당 한 입지선정, 주민 의견수렴 미흡, 과도한 희생강요, 보상 미흡, 정부 의 불성실한 태도 등이 원인이 되어 나타난 주민의 의사표시는 정당 한 것이다. 지방 거버넌스, 중앙과 지방의 협력, 실질적·절차적 합리 성 등에 입각한 정책집행이 모두가 공감할 수 있도록 순리적으로 진 행되어야 할 것이다.

〈2013. 2. 8.〉

시흥시지역 '묻지마' 개발논리를 경계한다

　시흥시의 개발논리 지지자들은 언필칭 "시흥이 개발 되어야 지역경제가 살아나고 일자리가 창출되며 개발의 혜택을 보게 된다."고 주장한다. 환경이 좀 나빠진다고 뭐가 대수냐고 오히려 핀잔을 준다.

　대표적인 개발주의 공기업인 LH공사는 장현보금자리지구 조성 이유의 하나로 도시자족기능 강화를 통한 지역발전을 강조하고 있다. 산업공단을 입주시켜 침체된 지역경제를 살리고 장현지구의 지역 위상을 높여야 한다고 목청을 돋운다.

　물론 개발논리가 장소를 불문하고 항상 문제가 되는 것은 아니다. 입지에 따라서 개발이 필요한 곳도 많다. 그러나 적어도 장현지구는 공업지역이 들어와도 무방한 개발대상지가 결코 아님을 설명하고자 한다. 이 지역은 대표적인 녹지축을 형성하는 광활한 갯골생태습지가 인접해 있고 매꼴, 황고개, 군자봉이 병풍처럼 장현지구를 감싸고 있어 천혜의 자연 생태마을임을 한 눈에 알아볼 수 있다. 이곳 주민들은 생활여건이 열악하고 불비해도 환경가치에 위안을 삼고 살기 좋은 공동체를 꿈꾸며 살아가고 있다. 시흥시가 지향하고 있는 환경도시, 생명도시의 이상향을 이곳에서 찾는다면 지나친 기대일까.

문제는 환경은 한번 망가지면 원상회복이 어렵다는 점이다. 이번 공업지역문제 발생 이전에도 갯골생태공원 곁에 붙어있는 골프장 허가문제로 곤욕을 치른 적이 있다. 지금 한창 골프장 건설공사가 진행 중에 있지만 적지 않은 환경훼손을 예고하고 있어 주민들은 예의 주시하고 있다. 만약 공업지역 지정까지 성사된다면 그야말로 총체적 환경정책의 실패가 아닐 수 없다.

LH공사는 원래 계획에 없던 공업지역 조성을 끼어 넣어 루트밸리(root-valley)라는 개성 없는 인공도시를 만들려고 하고 있다. 일견 개발논리는 설득력이 있어 보인다. 공업지역의 입지에 관한 한, 삼면이 구릉지로 둘러싸여 있고 북쪽으로 큰 도로를 내면 시각적 차폐와 위화감 방지효과가 있어 별 문제가 없다고 주장한다. 또 공업지역의 규모가 장현지구 총면적의 3%인 26,927평에 불과하며 입주 공장도 무공해 업종으로 국한하면 별 문제가 없다고 주장한다. 개발논리가 특별히 강조하는 대목은 공업지역 지정의 효과에 관한 것이다. 즉, 시흥시청을 중심으로 연성1·2지구와 능곡지구를 포함하는 자족형 복합도시가 형성되고, 또 매년 770억 원의 생산유발효과와 약 1,800명의 일자리 창출이 가능하다는 것이다. 그러면 지역경제의 활성화와 함께 연간 총 15억 원의 지방세수가 증가한다고 보고 있다.

그런데, 실은 그렇지만은 않다. 공업지역 면적의 규모는 확산효과 (spread effect)가 있어 점점 커지는 경향이 있으며 일자리 창출 부분도 공장이전에 따른 인구유입이므로 신규 일자리가 생겨나는 것은 아니다. 어느 장곡동 주민의 탄식 어린 푸념을 들어 보자. "그간 교통이 불편하고 교육여건이 안 좋아도 참고 견디며 살아왔지요. 언젠가는 이곳이 초록이 우거진 생명도시가 되고 교육과 문화도시가 될 것이라는 희망을 간직하고 말이에요. 그런데 이제와 보니 당국은 주민이 원하는 진정한 환경정책이 무엇인지 개념이 부족한 것 같아요. 자족도시란 이름으로 공장이 들어오면 환경은 오염되기 마련이고 이내 슬럼화 되어 우범지대로 전락하고 말 것이에요." 또 다른 주민의 목소리이다. 희망마을 만들기, 행복마을 만들기가 무슨 소용이 있습니까? 공단이 들어오면 우리 동네는 본래의 마을 정체성을 잃고 자족도시가 아니라 자해도시로 서서히 변질되고 말 것입니다. 공업지역 지정 철회만이 참 희망마을 만들기요, 행복마을 만들기란 사실을 알아야 합니다."

무릇 주민의 뜻을 무시하고 강행하는 문제의 정책은 재고되어야 마땅하다. 주민의 정당한 권리와 요구가 반영되고 지방거버넌스에 입각한 민·관·산 파트너십이 조화롭게 결실을 맺을 때 주민자치와 풀뿌리 민주주의는 한층 더 성숙해 질 것이다. 지방자치의 진면목을 기대하면서 시흥에서부터 주민자치와 지역혁신의 전통이 창조되기를 기원해 본다.

〈2013. 3. 22.〉

도시재생과 마을공동체 만들기

근자 도시재생이란 용어가 널리 사용되고 있지만 개념상의 혼란이 다소 있어 보인다. 흔히들 도시재생을 쾌적하고 살기 좋은 마을 조성을 위한 도시정비사업 정도로 이해하고 있으니 말이다.

그간 대부분의 도시재생사업은 주민으로 구성된 조합과 건설업체가 주도하여 추진되었는데, 주택공급량을 늘리고 도로 등을 개설하여 개발이익을 많이 내는 데 방점을 두었던 것이 사실이다. 주민 생활환경 개선과 삶의 질 향상 문제는 도외시되었고 수익을 둘러싼 이해관계자 간의 갈등이 격화되기 일쑤였다.

도시재생은 건강마을 공동체를 지향한다

도시재생(urban regeneration)의 원래 의미는 낙후된 도시의 시가지를 물리적, 사회적, 경제적, 문화적으로 개선하여 도시의 경쟁력을 높이자는 것이었다. 여기에 '지속가능한 환경적 개발'의 가치가 보태져 도시의 지속적 성장을 내포하는 개념으로 정착되었다.

도시재생은 건설업체를 포함하여 주민과 정부, 비영리단체 등 지역사회의 모든 구성단위가 참여하는 전략적 거버넌스 활동이 수반된다. 참여주체 중에서 공공의 역할이 강조되며 파트너십을 기반으로 대상 지역의 다양한 측면을 고려하는 통합적 접근방식이 활용된다.

우리나라는 현재 도시재생에 관한 별도의 법률이 제정되어 있지 않아 '도시 및 주거환경정비법'과 '도시재정비추진을 위한 특별법'이 도시재생의 근거법률로 원용되고 있다. 초기 개발비용 등의 문제로 민간주도가 되면서 공공적 요소가 적지 않게 퇴색한 면이 있지만 본래 취지에 부합하는 도시재생의 개념으로 회귀하고 있어 다행이다.

이런 점에서 시흥시가 추진하고 있는 맞춤형도시정비사업의 성과가 주목된다. 2014년부터 시행에 들어간 모랫골 마을과 도일시장의 노시정비사업이 그것이다. 이 사업을 도시경쟁력 관점에서 볼 때에 과연 소기의 기대효과를 내고 있는지 검토해 볼 일이다.

공공행정의 역할은 도시관리자로서 또는 코디네이터로서 미래비전을 제시하고 이를 달성하기 위한 추진 및 조정체계, 예산의 확보 등 실행전략을 수립하며 지역주민이 자발적으로 지역사회의 역량을 발휘할 수 있도록 주민의 다양한 활동을 장려해야 한다.

추진체계에 있어서 도시재생과 관련되는 부서 간의 유기적인 협업체계 구축은 성패를 좌우하는 바로미터이다. 예컨대, 도시정비과의 재생사업팀과 주민자치과의 희망마을만들기팀, 사회적기업팀 등 유관부서 간의 긴밀한 협력이 필수적이다. 이런 점에서 관련부서를 총괄지휘할 수 있는 센터기구의 설치도 고려해 볼 수 있다.

사실 많은 광역, 기초자치단체에서 도시재생지원센터를 설치운영하고 있다. 각기 행정직영, 민간위탁, 공공위탁, 재단설립 등 맞춤형의 형태로 운영되고 있는 도시재생지원센터는 경영상의 문제점이 없지 않지만 대체로 긍정적인 평가를 받고 있다.

시흥시, 도시재생지원센터 필요한가

일찍이 일본정부 내각은 도시재생지원센터를 "다원적 사회에서 공생과 협력을 목표로 지역사회와 시민사회단체의 변화 요구를 파악하여 이에 필요한 인력, 자금, 정보 등 자원을 제공하고 구성조직 간에 중개역할을 수행하는 조직"이라고 정의한 바 있다.

도시재생지원센터는 중간지원조직으로서 유연성과 전문성, 혁신성과 지역성을 핵심가치로 삼고 공공행정 내의 마을만들기지원센터, 사회적경제지원센터, 지방도시공사, 자활센터, 지역문화재단 등과의 협력에 소홀함이 없어야 한다. 지역사회 신뢰확보, 전문성 구비, 거버넌스 활동과 네트워크 구축이란 과제가 말처럼 그리 쉬운 문제는 아니지 않은가. 주민과 시민단체의 요구를 수용하고 조정하는 민주적 관리능력을 얼마나 발휘할 수 있을 것인가도 성공의 척도가 될 것이다.

〈2016. 4. 8.〉

서울대 시흥캠퍼스 실시협약 체결

배곧 신도시와 서울대 시흥캠퍼스 조성을 위한 시흥시와 ㈜한라와의 지역특성화 사업협약이 체결된 지 어언 2년 5개월이 흘렀다. 2014년 3월 사업협약을 체결할 당시 관계자들은 그 해 연말 안에 실시협약을 체결하기로 의견을 같이 했었다.

그런데 2015년을 넘기고 이듬 해 8월이 다 가도록 오리무중이더니 돌연 8월 22일 실시협약 체결소식이 전해졌다. 아직 정확한 원문내용은 알 수 없으나 가뭄 끝 단비 같은 낭보가 아닐 수 없다.

2018년 1차 개교 가능한가

지난 11일 저녁 배곧 신도시 입주민과 입주예정자들이 생명공원에 모여 시흥캠퍼스 건립 실시협약 체결을 촉구하는 집회를 가진 것이 주효했던 것 같다.

사업협약과 부속합의서 등에서 약정한 '2018년 개교' 시간표가 기약 없이 지연되고 불확실해짐에 따라 주민들이 마침내 실력행사에 들어간 것이다. 관계당국은 상황이 이러함에도 의외로 조용하고 관망적인 자세를 취하고 있는 듯 보여 다소 의아스럽게 느끼던 터였다. 2014년 3월 시흥캠퍼스 사업협약체결을 전후해 시흥시와 시의회가 발 빠르게 움직였던 모습과는 큰 대조를 이루었기 때문이다. 당시 시정부는 주도적으로 서울대시흥캠퍼스 시민토론회를 여는가 하면 시의회는 시정부에서 넘어 온 사업협약동의안을 기습적으로 신속하게 처리하는 적극성을 발휘하기도 했다. 이후 시정부는 배곧 신도시 조성을 위한 공모, 분양사업을 성공적으로 추진해 예상외의 성과를 올렸다. 시흥시가 자랑스럽게 채무제로를 선언할 수 있었던 것도 배곧 신도시사업의 성공에 힘입은 바 컸다.

서울대의 처지를 살펴보면, 비록 학내 사정으로 인하여 실시협약이 미루어지긴 했어도 시흥시가 서울대 시흥캠퍼스란 브랜드를 활용하여 배곧 신도시 조성 및 분양사업을 대박으로 이끈 결과에 대해서는 자못 자부심을 갖고 있을 것이다.

아직까지 서울대는 어떤 손실이나 부담을 떠안은 것이 없다. 개교 이후의 운영비 적자를 우려하고 있을지 모르나 정교한 비용편익분석이 필요한 부분이며 또 다른 측면에서 협상의 여지를 느끼게 하는 대목이기도 하다. 분명한 것은 서울대는 당장 손에 쥐게 될 확실한 이익을 쉽게 포기하지는 못할 것이란 점이다.

이런 계제에서 가장 민감한 이해당사자는 두말 할 것 없이 시흥시민, 특히 시흥캠퍼스 건립을 기정사실로 알고 입주한 또는 입주할 배곧 신도시 주민일 것이다. 이들은 시흥캠퍼스에 강의동, 도서관, 기숙사, 평생교육원, 대학병원, 종합스포츠센터, 컨벤션센터, 교직원아파트 등이 건립될 것이라는 강한 기대를 갖고 있다.

무엇보다도 2018년 개교 예정이란 희망을 가슴에 품고 있다. 2018년 개교는 사업협약과 부속합의서에 담긴 약속이면서 동시에 현 시흥시장의 선거공약이기도 하다. 문제는 실시협약을 체결하기까지 시일을 너무 오래 끌어 사실상 물리적으로 2018년 개교는 어렵지 않겠느냐 하는 관측이 유력하다. 이 점은 시흥시 당국이 안도의 한숨에서 빨리 벗어나 사업 추진에 매진해야 할 이유가 되기에 충분하다. 아무튼 초지일관의 자세로 골든타임을 놓치지 말고 추진동력을 재정비하길 바란다.

시정부와 시의회에 바란다

여기에서 필자는 시정부와 시의회에 각각 다음 사항을 정중하게 제안하고자 한다.

첫째, 시정부는 시민과 시의회에 현 진행상황과 문제점을 소상히 밝히고 상호 소통을 증진할 것이며 또 배곧 신도시 교육국제화특구 지정이 조속히 이루어질 수 있도록 최선을 다하는 것이다.

둘째, 시의회는 참여와 소통의 중앙무대로서 연구와 토론의 장을 확대하고 시흥시민의 하나 된 염원을 담아 가칭 '시흥캠퍼스 실시협약 성실추진 촉구결의안'을 부의하여 의결하기를 바란다. 참여주체 모두의 역량이 시의회를 중심으로 하나로 결집되는 지방 거버넌스의 새로운 모델이 창조되기를 기대한다.

〈2016. 8. 26.〉

배곧대교 투자사업, 주민설득이 먼저다

배곧대교 민간투자사업 추진이 배곧 신도시 주민들의 반대에 부딪혀 난항을 겪고 있다. 지난 해 9월 시흥시가 한국개발연구원(KDI)과 공공투자관리센터(PIMAC)에 조사 의뢰한 '배곧대교 민간투자사업' 평가 결과가 사업적격성 있음으로 판정됨에 따라 시는 당해 투자사업계획 동의안을 시의회에 제출했다. 시당국은 시의회를 통과하는 대로 제3자 공고를 거쳐 12월 중에 우선협상대상자를 선정하고 실시설계를 추진할 예정이다. 2018년 7월 착공, 2022년 6월 말 완공을 목표로 잡고 있다고 한다.

그런데 이 투자사업은 이해당사자가 시흥시 이외에도 경기도, 인천광역시, 환경시민단체, 나아가 중앙정부 등 다층적인 구조를 이루고 있어 문제의 해법이 단순치 않음을 짐작할 수 있다.

배곧대교 민간투자사업은 2014년 10월 한진중공업이 송도 국제도시와 배곧 신도시를 잇는 해상교량 건설을 시흥시에 처음 제안함으로써 가시화되었다. 그 후 한진중공업으로부터 별도 제안을 받은 인천시가 배곧대교사업을 인천 신항 인입 화물철도노선사업과 병행하여 추진할 뜻을 시흥시에 전해오자 시흥시는 이를 긍정적으로 검토한 것으로 보인다. 시흥시 관계자는 "배곧대교 민간투자사업에 대한 비용편익비율(B/C)이 1.05로 사업적격성이 있으며, 배곧대교가 건설되면 시흥시민이 인천, 서울, 경기지역 등 대중교통을 편리하게 이용할 수 있는 장점과 아울러 배곧 서울대 시흥캠퍼스와 송도 소재 대학 간의 교류 증진으로 시너지효과가 크게 나타날 것"이라고 말했다.

문제는 배곧을 삶의 터전으로 삼고 입주한 주민들의 의사는 이와 다르다는 점이다. 배곧 주민들이 9월 6일 열린 시의회 의원간담회에 제출한 당해사업 반대 공동성명서에 따르면, 배곧대교 건설이 배곧에는 실익이 없고 오히려 송도 방향 트럭차량 등이 증가하여 사고위험이 높고 소음과 분진의 폐해가 예상된다고 지적했다. 이어 공동성명서는 이 사업은 공단의 이미지를 벗고 살기 좋은 시흥시를 만들기 위해 부단히 노력해 온 시흥시민의 염원에 배치되는 것으로 이 사업을 앞장서 추진하고 있는 시흥시를 강력히 규탄하고 있다. 그 어떤 의도나 목적, 합리화도 안전을 염원하는 주민의 의견보다 우선시될 수 없으며 시흥시는 주민과 소통하지 않고 인천 송도의 골칫거리를 해결하기 위해 주민과 시민을 위험한 상황에 놓이게 하고 있다고 강한 불만을 표시했다.

중요한 지역현안일수록 한 두 차례의 형식적인 주민설명회나 의견수렴으로 끝낼 일이 아니다. 관련 주체 간에 심도 있는 거버넌스적 협의와 소통. 설득이 긴요하다. 특히 시민의 대표기관이요 집행부에 대한 견제기능을 수행하는 시의회의 역할이 주목된다. 분쟁은 관점의 차이에서 기인하는 바가 크므로 역지사지 정신으로 공감적 경청의 노력을 서로 기울여야 한다. 일방적인 관치행정방식을 지양하고 거버넌스가 작동하는 자치행정방식으로 문제를 해결하고 위기를 극복하려는 자세를 가져야 한다.

또한 그 과정의 중심에 주민과 시민의 복리증진이 자리 잡고 있다는 사실을 명심해야 한다.

끝으로, 문제해결 차원에서 두 가지 고려사항을 제시하고자 한다.

첫째, 본 사업을 바라보는 관점이 각각 개발논리와 보존논리로 나뉘므로 친환경적 개발에 터 잡은 타협안의 모색을 강구할 수도 있을 것이다. 비용편익비율인 1.05의 의미는 편익이 비용을 근소하게 상회한다는 뜻으로 어떤 상황변화 없이 조급하게 진행시키기에는 문제가 될 수 있다.

둘째, 배곧 신도시의 브랜드 가치가 서울대시흥캠퍼스로 상징되는 교육과 의료, 쾌적한 환경이라고 본다면 환경가치의 훼손은 지역 주민으로서 용인하기 어려운 부분일 것이다. 따라서 사전환경성검토와 환경영향평가 등이 엄밀히 이루어지고 또 그 결과가 시민에게 공개되는 가운데 합리적인 개발과 쾌적한 환경을 염원하는 시민의 바람이 성취될 수 있도록 모두가 합력하는 마음을 가져야 할 것이다.

〈2016. 9. 30.〉

제6부

지역경제 활성화

시흥의 상공인들을 춤추게 하라

시흥은 살기 좋은 도시인가. 자고나면 늘어나는 시흥시의 인구는 무엇을 의미하는가. 도시인구가 줄지 않고 느는 것은 분명 도시의 발전적 측면을 시사한다.

지난 주 '2020 시흥도시기본계획'이 경기도 등의 승인을 거쳐 확정 공고되었다. 도시기본계획은 일반시민에 대해서는 직접적인 구속력을 갖지 않지만 도시의 장기적인 발전방향을 제시하며 도시관리계획 수립의 지침이 된다는 점에서 그 중요성이 자못 크다.

이 계획에 의하면, 시흥의 미래상을 '자연과 인간, 미래가 조화로운 으뜸도시'에 두고 환경의 으뜸도시, 관광의 으뜸도시, 산업의 으뜸도시 건설을 지향하고 있다.

도시의 공간구조에 있어서는 시청을 중심으로 십자형 개발 축을 설정하고 북부권, 중심권, 남부권의 3개 중생활권을 균형 있게 나눠 관리하도록 하고 있다. 특히 남부생활권은 산업구조 고도화를 통한 무공해

첨단산업 중심지를 겨냥하고 있다. 대체로 보아 큰 무리가 없는 도시 마스터플랜이라고 평가하면서 두어 가지 보완점을 제시하고자 한다.

먼저 도시성장의 지표인 인구추계에 있어서 축소지향적인 면이 있어 보인다. 2020년의 시흥시 인구를 연평균 증가율 0.3%를 적용하여 53만 5천 명으로 추산했다. 그간 시흥시의 인구유입이 가파른 증가세를 나타내고 있는 현실을 감안할 때 향후 내외 변수에 따라 다소 그 흐름이 감소한다 해도 증가율 0.3%는 너무 저조한 추정치가 아닌가 싶다.

10년 전 경기개발연구원에서 당시 기본계획에 기초하여 시흥시 인구추계를 낸 결과를 보면, 2008년 451,600명, 2016년 600,000명으로 추산한 바 있다. 시흥시가 수도권정비계획법상 과밀억제권역으로 편입되어 있어 다소의 제한이 불가피한 면이 있지만, 인구의 자연적, 사회적 증가 추세를 하향 추산하는 것이 바람직한 것인지는 재고할 필요가 있다.

다음으로 시흥의 성장동력인 시화산업단지(시화공단)의 미래에 관한 논의이다. '2020도시기본계획'은 토지이용계획 부분에서 시화MTV사업과 군자지구개발사업을 단계적 개발과제로 제시하고 있다.

반면 기존의 시화공단 활성화대책은 매우 미흡한 수준에 머물러 있다. 1978년경 간척이 본격적으로 시작되어 조성된 총 740만 평의 시화공단(시흥시 관할지역은 8할인 600만 평임)은 중부 서해안 산업벨트의 중앙에 위치한 국가산업단지로서 지역경제 성장의 견인차역할을 해온

것이 사실이다. 그런데 근자 시화공단이 처한 현실은 우려스럽다. 당
초의 기능을 잃고 쇠퇴의 길로 접어들고 있다는 언론보도가 이를 반
증한다.

대기업과 중소우량기업이 속속 공단을 빠져나가고 그 자리에 영세
한 소기업들이 공간을 쪼개어 들어오고 있으며 또 임대업이 성행하는
등 기형적으로 변해가고 있다는 것이다.

최근 경기개발연구원이 발표한 '시화·반월공단 활성화 방안'에 따르
면, 시화공단의 구조개선을 위해 국가에서 지방자치단체로 관리 주체
를 전환하여 도시개발계획의 일환으로 통합 관리하는 방안이 합리적
이라는 의견을 제시했다. 이는 공단의 성격과 기능, 규모로 볼 때 무리
한 발상이며 해당 지자체인 시흥시와 경기도에 구조개선 책임을 떠넘
기는 듯한 인상을 준다. 한국산업단지관리공단 등 중앙부처의 참여와
지원 없이 지자체 힘만으로 공단활성화가 가능한 일이겠는가.

구조개선특별법제정이나 공단 내 임대사업규제, 대기업유치 등 정
부차원의 혁신적 대책마련이 시급하다. 정부는 2005년부터 혁신클러
스터(cluster)도시로 반월·시화를 포함하여 6개 지역을 선정한 바 있는데
탁상공론이 되지 않기를 바란다.

시흥시의 미래는 시화산업단지를 어떻게 비전 있는 테크노폴리스로
거듭나게 하느냐에 크게 달려있다. 시정부가 올해 들어 역점사업의 하
나로 펼치고 있는 '기업하기 좋은 도시 만들기'는 시의적절한 프로젝트
로 소기의 성과를 거두기를 바란다.

이를 위해 정책의 우선순위에서 보다 강력한 드라이브가 필요하다. 또한 시흥의 거버넌스 체계에 기업인들의 참여를 유도하고 사기를 진작시키는 제도적 방안이 강구되어야 한다. 이런 점에서 작년 말 개설한 경기신용보증재단 시흥지점과 '소상공인 지원조례' 제정 움직임은 고무적인 뉴스이다. 요컨대, 시흥 관내의 상공인들이 춤추면서 일할 수 있는 여건을 조성해주는 동시에 상공인 스스로도 지역경제 발전의 주역으로서 책임을 다해야 할 것이다.

거듭 말하거니와, '시흥의 상공인들을 춤추게 하라!'

〈2008. 3. 7.〉

역경의 중소기업 CEO를 위한 제언

최근 모 일간신문 주말 경제섹션과 연계된 중소기업 CEO들의 질의에 대하여 응답한 내용을 소개하고자 한다. 현재 많은 중소기업이 겪고 있는 문제로 인사조직과 마케팅부분의 애로사항을 호소하고 있다. 자금과 기술부분도 중요한 현안이지만 아직 부각되지는 않고 있다. 이 글에서는 인사조직과 관련된 내용을 중심으로 기술하겠다.

홈페이지 게시판에 올라 온 제목 십 수 가지 중 너덧 가지가 인사조직에 해당하는데, 인사 및 조직관리의 어려움을 절절하게 표현하고 있다. 인사에 관한 자문 요청, 중소기업 인력관리의 개선방안, 회사를 키우는 관리방법, 제조업 경영방향 등이 그것이다.

기업의 경영활동 중 인적자원 활동은 가장 기본적이고 필수적인 부분이다. '인사가 만사'라는 말도 인사의 중요성을 웅변하고 있다. 유명한 일화로, 앤드류 카네기가 철강사업으로 큰 성공을 거둔 뒤 가진 한 인터뷰 내용이다. 사회자가 카네기에게, "철강사업으로 그렇게 성공했는데 철에 대해 얼마나 알고 계십니까?"하고 질문을 던지자, 카네기는 "나는 철에 대해 잘 모릅니다. 그러나 그 철을 잘 아는 사람들을 잘 다룰 줄은 압니다."라고 대답했다고 한다.

인사조직에 관한 문제점을 CEO의 관점에서 살피자면, 먼저 SWOT분석이 유용하다. 조직환경으로부터 기회와 위협요인을 찾아내고 조직능력에서 강점과 약점을 파악하여 경영전략을 수립한다.

상기한 제목 글에서 공통적으로 나타나는 위협과 약점으로 조직 내 수직적, 수평적 커뮤니케이션의 부족을 지적할 수 있다. 특히 수직적 커뮤니케이션에서 중간관리층의 역할 부재를 지적하고 있다. CEO의 영향력이 절대적인 중소기업의 특성상 중간간부의 역할 위축은 어느 정도 불가피한 현상이기도 하다.

하지만 이 문제는 현대 경영관리학에서도 비중 있게 다뤄지고 있는데, 주어진 여건에서 적절한 역할관계를 모색해야 한다. 적정 수준의 권한위임(empowerment)과 교육훈련이 필요하다고 여겨진다.

권한위임은 한마디로 직무에 따라 권한을 어떻게 배분할 것인가의 문제다. 조직이 초기 시작단계에 있거나 그 규모가 아주 작은 경우, 중간관리자 없이 CEO가 직원을 직접 지휘할 수 있다. 그러나 조직규모가 커지고 환경의 변화가 발생하면 사정이 달라진다.

많은 학자와 전문가들은 임파워먼트의 중요성을 역설하고 있다. 윗사람이 시키는 일을 수동적으로 처리하기보다는 업무를 주도적으로 수행하며 책임지는 조직문화가 생산성을 높이고 문제해결능력을 제고시킬 수 있다는 것이다. 글로벌기업들이 직원들에게 도전적인 과제를 부여하고 건설적인 실패를 용인하는 문화의 조성도 같은 맥락이다.

임파워먼트는 교육훈련과는 뗄 수 없는 관계에 있다. 교육훈련은 CEO의 경영철학과 비전이 전체 조직에 전달되는 통로이기도 하다. 맥도날드의 창업주인 레이 크록은 일찍부터 "맥도날드 직원들에게 트레이닝은 하루도 빠짐없이 실시해야 하는 기본업무"라고 강조했다. 그는 맥도날드의 경영무기로 '맛' 외에 '교육훈련'을 선택했던 것이다. 맛은 기술에서 나오지만 교육은 경영철학에서 나오는 것이다.

맥도날드의 직원교육은 세계 114개국, 2만4500여 개의 매장에서 동일하게 이루어진다. 직원은 유니폼을 입는 순간 학습자가 되고, 나아가 조직의 생산성을 높이도록 서로 코치해 주는 교육자가 되기도 한다.

이를 두고 학습조직이라 말하는데 직원들은 학습효과를 통하여 자신은 물론, 조직전체의 성과를 향상시킨다. 현대 경영관리의 중요 개념인 임파워먼트와 교육훈련을 인사조직부문에 적절히 활용한다면 리더십 부담을 줄이고 기업성장의 동력 강화에 도움이 될 것이다.

〈2009. 10. 16.〉

중소기업, 경영혁신만이 살 길이다

　금후의 경제상황은 중소기업들에게 호기인가, 난국인가. 우선 국내외 경제농향을 살펴보자. 한국개발연구원(KDI)은 '11월 경제동향보고서'에서 "최근 우리나라는 수출이 개선되고 전반적인 경기회복 국면이 지속되고 있다. 10월 중 소비자심리지수(CSI)는 전월보다 3포인트 상승한 117로 기준치 100을 크게 웃돌고 있다. 설비투자지수도 전년 동기 대비 5.8%증가세를 나타냈다. 9월 중 실업률은 전월보다 0.2%포인트 내린 3.6%로 고용부진현상이 다소 완화되고 있다."고 진단했다.

　한편 주요국의 경기현황을 보면, 중국을 비롯한 신흥국들을 중심으로 경기회복세가 비교적 빠르게 진행되고 있다. 국제통화기금(IMF)은 최근 'G20 세계경제전망보고서'에서 올해 한국의 성장률 전망치를 2%포인트 상향조정했고 G20국가 중 최고수준의 성장률을 기록할 것으로 내다보았다.

　이와 같이 한국경제에 대한 국내외의 낙관적 전망은 우리 기업들에게는 고무적인 현상이 아닐 수 없다. 그러나 다른 한편 결코 방심할 수 없다는 견해도 적지 않다. 그 근거의 하나로, 수출호조 국면의 지속가능성 여부가 불투명하다는 것이다. 그간 한국경제의 외형적 성장에 버팀목 역할을 담당했던 수출이 앞으로는 여의치 않을 것이란 판단이 자리 잡고 있다. 미국의 10월 실업률이 10.2%로 26년 만에 10%를 넘어섰고 이는 한국의 최대 수출시장인 미국의 소비력이 당분간 회복되지 않을 것이라는 예측이 가능하다. 게다가 갈수록 불어나는 미국의 무역적자 규모도 대미수출 전망을 어둡게 하는 요인이 되고 있다.

대중국 수출 전망도 밝지만은 않아 보인다. 중국은 미국 등 국제사회로부터 수출입 균형유지와 위안화 절상요구를 받고 있음에도 수출드라이브정책을 완화할 조짐을 보이지 않고 있다. 불원간 심각한 무역분쟁으로 비화될 공산이 크다고 하겠다.

최근 한국을 방문한 해외 경제전문가들은 이 같은 수출시장 환경을 두고 한국 경제기조의 변화를 주문하고 있다.

수출주도형에서 내수지향형으로의 정책전환이 바람직하다는 것이다. 사실 이들의 제안이 아니더라도 이제 내수시장의 활성화는 더 이상 지체할 수 없는 정책현안이 되고 있다. 국민소득 증가와 일자리 창출 등 국민생활에 기여하는 측면에서 보더라도 수출기업인 제조업보다 내수기업인 서비스업이 훨씬 높게 나타나고 있다. 내수산업의 성장을 통하여 한국경제의 기초체력을 향상시켜야 할 시점에 이른 것이다. 책임 있는 관계당국자는 이를 두고 "한국경제가 지금 매우 중요한 변곡점에 위치해 있다."고 함축적으로 말했다.

문제는 이러한 변화가 우리 중소기업들에게 어떠한 영향을 미칠 것이며 어떻게 대처해야 좋을 것인가 하는 점이다. 앞으로 한정된 내수시장을 둘러싸고 대기업과 중소기업간 그리고 중소기업 상호간에 경쟁은 더욱 치열해질 것이다. 또 중소기업의 서비스업 진출이 확대되면 이 분야의 정책자금 소요가 증가할 것이다.

그런데 중소기업의 금융안전망(financial safety net)이 내년도에는 더 취약해질 것으로 보여 개선책이 요망된다. 내년도 정부예산안의 중소기업지원액이 신용보증과 정책자금을 포함시킨 총량규모로 계산해서 금년보다 23.7% 감소된 5조 9,752억 원이 편성됐다. 이는 금융시장 정상화에 따른 시중의 유동성회복을 반영한 것으로 보이지만 기실은 예산정책상 출구전략(exit strategy)이 시도되고 있음을 의미한다. 대기업에 비해 자금사정이 열악한 중소기업 형편을 감안할 때 차후 중소기업의 자금난이 우려되는 대목이다.

요컨대, 중소기업들은 선택의 폭이 넓지 않다. 오직 경영혁신만이 살 길이다. 피터 드러커는 경영혁신을 '고객을 창조하는 기업가의 능력'이라고 정의했다. 아무리 좋은 제품이나 기술이라도 그것을 구입해 줄 고객이 없다면 의미가 없기 때문이다.

따라서 마케팅계획과 전략은 이미 기업의 사활이 걸린 핵심과제로 등장했다. 기업가는 분명한 마케팅 개념을 수립하고 마케팅믹스의 기본인 '3C4P' 요소를 적극 활용해야 한다. 또한 기업이 사회적 책임을 다함으로써 충성고객의 확보는 물론 기업이미지 개선에도 힘써야 한나. 경영혁신만이 역경을 헤치고 지속가능한 기업으로 거듭날 수 있다.

〈2009. 11. 13.〉

지역복지 선도하는 사회적기업

　글로벌경제가 고용 없는 성장 시대로 진입하면서 일자리 창출사업은 매우 중요한 정책과제로 등장했다. 과거에는 주로 소득보장과 공공근로사업 등 근로 연계형 노동복지정책이 시행됐지만 지속가능한 양질의 일자리를 마련하는 데에는 한계가 있었다. 정부의 재정지원에 의존하는 저임금의 일자리 제공은 미봉책에 불과했다.

　이러한 문제의식에서 나온 대안이 사회적기업(social enterprise)이라고 볼 수 있다. 사회적기업은 취약계층에 일자리를 제공하는 것이 기본 미션이지만 이윤추구의 영리활동도 겸한다는 점에서 제3의 대안조직으로 불리기도 한다.

　사회적기업의 개념은 1970년대 말 유럽의 복지국가위기론이 대두할 당시 공공서비스업을 민영화하는 과정에서 생겨났다. 현재 영국에는 무려 5만 5,000개의 사회적기업이 활동하고 있다. 국내에서는 2003년 무렵 노동부의 지원 하에 비영리단체(NGO)를 중심으로 사회적일자리 창출사업이 시작되었다. 2007년부터는 '사회적기업 육성법'이 제정되었고 노동부 인증 사회적기업의 수만 보더라도 전국에 걸쳐 244개, 예비 사회적기업은 906개에 이르렀다.

시흥시의 경우 현재 사회적기업의 수는 경기도내 총 43개 중 3개이고, 예비 사회적기업은 10개에 이르고 있다. 이는 경기도 31개 시군의 평균치를 상회하는 숫자이다. 사회적기업 육성을 위한 관련조례도 이미 제정되어 정부의 인증을 얻은 사회적기업은 앞으로 상당기간 정부와 지자체의 다양한 지원을 받게 될 것이다.

하지만 사회적기업이 지속가능한 경영을 영위하기 위해서는 정부의 지원 외에 무엇보다 자립역량을 확충하는 일이 시급한 과제이다. 향후 사회적기업의 수가 증가하고 이에 따라 기업 간 경쟁관계가 심화되면 정부의 지원규모는 점차 축소될 것이고, 경제적 자립이 불가능한 기업은 도태의 길을 밟게 될 것이다. 따라서 사회적기업가는 사회적기업가 정신과 함께 경영노하우를 겸비해야 한다. 국내의 사회적기업가 대부분이 비영리 공익활동에 익숙한 나머지, 기업경영에 있어서는 역량부족의 한계가 존재한다는 점에 기인한다. 하지만 지역사회 구성원의 적극적 참여가 큰 힘이 될 수 있다.

이를테면 지역사회에서 생산된 사회적기업의 제품에 대해 착한 구매와 소비가 활발히 일어나는 경우이다. 자신의 전문지식과 경험을 제공하는 자원봉사자의 역할도 한 몫이 기대된다. 공공의 이익을 위하여 자신의 재능과 경륜을 기부하는 행위는 사회적기업의 인재난을 극복하는데 크게 기여할 수 있다.

일부 사회적기업은 자립기반을 구축하여 경영수익의 일부를 사회에 환원하고 있다. 선진국들은 사회적기업의 능력 제고를 위해서 관련기관간의 협력 체제를 공고히 하고 사회적기업가의 양성, 경영자문, 공동 연구개발 등 여건조성에 힘쓰고 있다.

근자 일부 대기업들 사이에 '우리가 사회적기업을 키우자'는 슬로건을 내걸고 사회공헌 활동을 펼치는 풍경은 고무적인 현상이라고 볼 수 있다. 기업이 사회적 책임과 나눔경영의 중요성을 인식하고 '1사 1사회적기업' 결연운동 등을 전개하고 있는 것도 같은 맥락이다.

최근 젊은 청년층 사이에서 사회적기업 창업이 현저히 증가하고 있는 현상도 역시 고무적인 일이다. 이들이 도모하는 기업은 혁신적인 아이디어를 기업경영에 접목하는 벤처기업의 형태를 취하고 있다. 창조적으로, 혁신적으로 사회적 가치를 추구한다는 점에서 소셜벤쳐(social venture)라고 부르기도 한다.

사회적기업은 정부와 NGO, 기업이 협력적 네트워크를 구성하는 가운데 고용 있는 성장으로 나아가는 정책디딤돌로 작용하게 될 것이다. 착한 기업이 많이 생겨 고실업사회의 위기를 슬기롭게 극복하고 사회통합을 이루어 시흥시가 더불어 잘사는 지역사회로 발전하기를 기대해 본다.

〈2009. 12. 11.〉

소상공인과 대형마트가 공생하는 길

　시흥시의 대표적 재래시장이자 골목상권인 삼미시장 상인회와 대야동 신축건물 완공을 앞둔 롯데마트 측간의 갈등이 깊어지고 있다. 지난 5월 25일 시장상인회가 중소기업청에 갈등해결을 위한 사업조정을 신청했고 당국은 조정대상으로 인정하여 현재 양측 간 자율조정이 진행 중이다.

　롯데마트 관계자는 "지금은 오히려 시장상인회와 시당국이 신축허가권의 당부를 놓고 대립하고 있는 상황이라 사업조정 과정의 이견이 좁혀지지 않고 있다."고 말했다.

　한편, 시흥시 소재 대형마트와 SSM(대기업슈퍼마켓)이 시흥시장을 상대로 영업시간 제한 및 의무휴업일 지정 처분취소 청구소송을 법원에 제기했다. 그런데 '행정처분 효력정지 가처분'신청이 받아들여져 이들 업체들은 제약 없이 정상영업을 할 수 있게 되었다. 법원관계자는 "대형마트 측의 회복하기 어려운 손해발생 주장에 타당성이 있다고 판단해 가처분신청을 받아들였다."고 전하고 있으나 이는 다소 법의 형식 논리에 치우친 결정이 아닌가하는 아쉬움이 남는다.

소상공인과 자영업자, 경제위기에 더 취약

작금의 경제상황은 경제위기 국면으로 중소기업, 대기업할 것 없이 경영난이 가중되고 있다. 수출과 내수시장의 동반 부진에 따라 대기업들은 대부분 비상경영체제로 돌입했다. 다행인 것은 IMF(외환위기) 학습효과 덕분에 기업들이 예방경영의 지혜를 발휘하여 발 빠르게 대처하는 모습을 보였다. IMF 때는 과도한 부채와 경영부실이 화근이 되어 중대기업의 줄도산이 이어졌지만 지금의 양상은 사뭇 다르다. 오히려 중소기업, 자영업자, 가계, 개인들이 열악한 재무상태에 빠져 줄파산의 위험에 직면해 있는 것이다. 가계부채는 사상 최대 규모인 922조 원에 이르렀고 금융회사의 연체보유자 비중 역시 급증하고 있다.

특히 치열한 경쟁에 노출되어 있는 생계형 자영업이 문제인데, 매출이 급감하고 과도한 부채와 이자에 시달리고 있다. 소상공인진흥원이 2011년 12월에 발표한 '소상공인 통계집'에 따르면, 전체 소상공인 10명 중 2명(16.8%)이 창업 1년도 안되어 폐업을 한 것으로 나타났다. 진흥원 관계자는 "5년도 못돼 문을 닫는 자영업자 비율이 절반(54.5%)을 넘는다."며 "그 만큼 자영업자들이 처한 현실이 절박하다."고 말했다. 국가의 경제를 주도적으로 이끄는 것은 대기업이고 수출기업이라

할 수 있지만, 다수의 국민이 행복해지려면 소상공인과 자영업자가 잘 되어야 한다는 사실을 알아야 한다. 대략 전체 취업자의 30%와 그 가족들이 자영업으로 먹고 산다는 점을 간과해서는 안 된다. 삼미시장의 상인들은 대부분 소상공인이며 생계형 자영업자들이다. 이들은 시흥시 북부권의 서민경제 주체로서 그 소임을 담당하고 있다. 이제는 이들도 중·대기업처럼 차별화된 사업전략을 갖추고 경쟁력을 키우는 것이 관건이지만, 현실적으로 자영업자의 자구노력 운운하며 민간자율에 맡길 수만은 없는 노릇이다. 자본과 조직, 기술, 시장지배력 등을 감안할 때 결코 중·대기업의 적수가 될 수 없기 때문이다. 이점에서 정부의 자영업자 보호대책은 불가피한 측면이 있다.

선진국의 자영업 보호대책 참고할 필요

독일의 경우, 저소득 자영업자가 공적연금에 가입하면 사업 초기 3년간 평균 근로소득의 절반을 연금보험료 부과기준으로 책정해 보험료를 경감시키고 모든 자영업자가 공적연금에 가입하도록 유도하고 있다. 별다른 유인책이 없는 우리나라 국민연금은 자영업자 미가입 비율이 33.1%(188만여 명)에 이른다. 임금근로자 1,751만 명 중 미가입자가 대략 6% 남짓한 것에 비하면 5배 정도 높다. 아무튼 중소기업과 대기업 간의 동반성장, 초과이윤 공유제의 취지가 기업생태계 전반에 적극 반영될 필요가 있다. 근자 정부가 시장경영진흥원을 설립하고 사업

조정제도를 마련하는 등 소상공인과 대형마트의 상생 방안을 모색하고 있음은 고무적인 일이다. 시당국의 처분이나 법원의 결정, 판결도 상생 취지를 살리는 방향으로 마무리되어야 할 것이다.

〈2012. 8. 31.〉

아름다운 공유의 실천

광화문 네거리에서 경복궁으로 가는 길목에 대한민국 역사박물관이 있다. 건물 입구에는 '아름다운 공유'라는 현수막과 홍보물이 즐비하다. 문안으로 들어서면 기증받은 역사자료들을 전시한 기증특별전이 열리고 있다. 역사적 가치가 있는 소장품을 많은 사람들이 함께 보고 감상할 수 있어 아름다운 공유의 현장이란 생각이 든다. 현 정부의 슬로건인 '정부3.0 비전'에 걸맞게 공공정보를 적극 개방하고, 부처 간 칸막이를 없애고 소통함으로써 국정과제에 대한 추진동력을 확보하자는 취지이다. 정보공유를 통한 정책효과의 극대화에 주안을 두고 있다.

공유경제, 자본주의 보완재로 부상

공유(sharing)의 바람은 경제영역에 들어와 공유경제(sharing economy), 공유가치창출(CSV)이란 새로운 개념을 선보이고 있다. 역사박물관에서 기증특별전이 열린 동안, 광화문 청계광장에서는 '서울 사회적경제 희망장터'가 개장되었다. 서울시시설공단과 서울산업통상진흥원이 주관한 이 장터에는 사회적기업, 협동조합, 마을기업 등이 다수 참가해 제품홍보와 판매에 열을 올렸다. 일상에서 쉽게 볼 수 없는 수공예품, 친환경 먹거리 식품이 시중보다 저렴한 가격으로 거래되었다. 같은 시점에 서울 강서구 KBS 88체육관에서도 '2013 하늘사랑 바자회'가 열려 항공사 승무원들이 기증한 물건들이 새 주인을 만나 팔려나갔다. 이날 거둔 수익금은 전액 관내 사회복지시설에 전달된다고 한다.

바자(bazaar)는 자선사업이나 사회사업 기금을 모으기 위해 벌이는 시장을 일컫는데 옛날 페르시아의 시장(bzr: 바자르)이란 말에서 유래되었다고 한다. 이슬람교의 포교 목적으로 각지에 개설된 바자르는 유럽으로 건너가 잡화전 또는 특매장의 뜻으로, 미국으로 가서는 공익자금 마련을 위한 자선시의 뜻으로 변형되었다.

유럽에서는 오래된 협동조합의 전통이 있다. 1844년 로버트 오웬의 '협동적 사회' 사상에 터 잡아 시작된 영국의 로치데일 협동조합은 170년간 세계 전역으로 전파되어 일반 영리기업과 공존하며 발전해왔다. 결코 새롭지 않은 협동조합이 2008년 세계 금융위기를 맞아 다시 주목을 받게 되는데, 자본주의의 구조적 모순과 부실기업의 정리에 따른 일자리 창출의 필요성이 대두되었기 때문이다.

금융위기 동안에 협동조합도 어려움을 겪었지만 상대적으로 잘 버텨냈다. 스페인의 대표적 협동조합인 몬드라곤은 스페인의 기업 26%

가 도산하는 와중에도 단 한 명의 해고 조치도 없었다고 한다.

유엔은 2012년을 '세계협농조합의 해'로 선포했다. 같은 해 3월에 열린 독일 산업박람회 세빗(CeBIT)은 '공유경제'를 핵심주제로 삼았다. 주최 측은 "공유현상이 기업성장의 중요한 요소가 될 것"이라고 전망했다. 공유경제 용어는 2008년 미 하바드 대학의 로렌스 레식 교수가 소유를 넘어선 공유, 교환, 임대, 공동사용 등 협력적 소비 형태로 규정하면서 확산됐다. 인터넷과 SNS의 보급으로 전 지구적 확산에 가속도가 붙은 상태다.

홍익인간의 이념과 대동사회의 이상, 그리고 향약, 품앗이, 두레, 계, 아나바다 장터 등의 전통을 보유한 우리나라도 예외는 아니어서 2007년 이후 사회적기업 지원육성법, 협동조합기본법이 제정, 시행되고 있다. 올 초에는 서울시가 지자체로서는 처음으로 공유도시(share city)를 선언했다. 이에 발맞추어 서울시의회는 공유경제 지원조례를 제정했다.

공유문화, 마을공동체 형성의 필요조건

공유문화는 이기적인 소유형태와 무분별한 소비문화가 초래한 형해화한 마을공동체를 복원하고 정이 흐르는 복지사회를 구현하고자 하는 염원이 담겨있다. 이해규 시흥시 주민자치과장은 본지 공유경제 관련 간담회에서 "아직까지 사회적 경제라는 용어에 친숙해 있으며 공유경제라는 개념은 생소한 면이 있다. 제도적인 뒷받침이 마련되어야 구체적인 정책집행이 가능할 것 같다. 다른 지자체의 추진상황을 지켜보면서 우리시도 대비해야 할 것 같다"고 말했다. 시흥시는 정책 아젠다 설정에 있어서 보다 선제적이고 능동적인 자세로 임하기를 기대한다.

〈2013. 10. 25.〉

'건강기업' 일구는 벤처기업가정신

중소기업청이 중소벤처기업부로 승격되었다. 벤처라는 명칭에 걸맞게 벤처관련 예산을 늘리고 지원을 강화하는 등 정부는 벤처기업의 육성을 위해 발을 벗고 나선 모습이다. 벤처업계의 중흥이 기대되는 배경이다. 2000년대 초의 벤처붐은 오래가지 못했다. 정부의 적극적인 뒷받침에도 불구하고 벤처투자가 한탕 투기로 변질된 것이 주된 원인이었다.

그런데 실지로 벤처 거품이 야기된 가장 중요한 요인은 물적인, 제도적인 것이라기보다 투철한 기업가정신의 부재에서 찾아야 옳다. 초기 R&D투자에 따른 고비용, 고위험을 극복하고 기술개발을 이루어내야 하는 벤처기업의 속성상 벤처정신은 영순위의 필수요소이다. 신대륙을 발견한 콜럼부스나 전등을 발명한 에디슨처럼, 고난과 실패를 거듭하면서도 기어코 목표를 달성하고 말겠다는 집념과 도전정신 없이는 벤처기업의 성공을 장담하기 어렵다.

일본 교세라그룹의 이나모리 가즈오(稻盛和夫) 명예회장은 이런 면에서 단연 독보적이다. 그는 벤처업계의 살아있는 전설로서 일본뿐만 아니라 한국에서도 존경 받는 CEO가 된 지 오래다. 그는 누구도 따라하기 힘든 벤처기업가정신을 가지고 최상의 건강기업을 일구어냈다.

1959년 맨주먹으로 벤처기업 '교세라'를 창업하여 오늘날 세계 최고의 세라믹회사로 키웠다. 1984년에는 새로 창업한 DDI를 일본 제2위의 종합전기통신회사(KDDI)로 발전시키기도 했다. 그의 건강기업관과 경영철학을 간략하게나마 개관해 봄으로써 이를 타산지석으로 삼는다면 우리 기업에게도 적잖은 도움이 될 것이다.

이나모리 회장은 젊은 경영인을 위해 1983년에 설립한 '세이와쥬쿠(盛和塾)'에서 강연을 할 때면 자신의 경영철학인 '교세라 필로소피(philosophy)'를 전파하는데 열정을 쏟아 왔다. 그는 줄곧 "벤처기업을 세워서 능력과 기지를 발휘하면 10년이나 20년은 기업을 존속시킬 수 있다. 그러나 원초적 경영철학이 몸에 배어 있지 않으면 건강기업이 되기 어렵고 결코 번영을 지속할 수 없다."며 특유의 '필로소피 경영법'을 강조했다. 미국식 자본주의로 대표되는 첨단 경영학의 지식과 신기술만으로는 수백 년 가는 일류 장수기업을 만들 수 없다는 것이다. 오히려 올바른 인성에 터 잡은 '이타와 공존'의 마음가짐이 경영자의 기본자세임을 역설한다.

이와 관련해 '필로소피 경영 7원칙'은 널리 인구에 회자되고 있다.

첫째, 직원을 공동 경영자로 대한다. 둘째, 경영자에 반하도록 직원의 마음을 얻는다. 셋째, 직원에게 일의 의미를 설명한다. 넷째, 비전을 높이 내세운다. 다섯째, 직원의 동기가 흔들리지 않게 미션을 확립한다. 여섯째, 경영필로소피를 공유한다. 일곱째, 경영자는 철학을 배우고 그릇을 키운다.

각 항목이 모두 경영자와 직원 간의 연대성에 주안을 두고 서로가 한마음 한뜻으로 뭉쳐 회사의 비전과 미션을 성취할 것을 요구하고 있다. 교세라그룹의 사훈이 '경천애인'인 이유가 납득이 간다.

경영 7원칙 중 다섯째인 '직원의 동기와 미션확립' 대목과 연관지어 '아메바(amoeba)경영'을 소개하지 않을 수 없다. 이것은 조직을 단세포 동물인 아메바처럼 작은 단위로 쪼개어, 자율과 책임을 부여하는 관리법이다. 각 아메바는 리더를 중심으로 계획을 세우고 구성원 모두가 참여하는 가운데 목표달성을 이루어낸다. 아메바 시스템은 업무가 전문화되고 권한이 분산되는 시대조류에 맞춰 신속한 의사결정을 내릴 수 있는 장점이 있다. 일본에선 600개 이상의 기업들이 도입해서 실천하고 있다고 한다.

건강한 몸은 기혈이 순통하여 신진대사가 잘 되듯이, 건강한 기업은 의사소통이 원활하고 부서 간 협업이 순조롭다. 아메바 조직은 건강기업을 좇아 조직의 효율성을 높이고 내부의 협력관계를 강화시키는 데 효과적이다. 다만 아메바 조직 간에 유기적인 교류와 협력을 어떻게 이끌어내느냐가 관건이라고 하겠다.

　여하튼 '필로소피 경영법'이 어려움에 처해 있는 우리나라 중소벤처 기업계에 조금이라도 참고와 도움이 되기를 바란다. 건강기업을 일구는 벤처 기업가정신이야말로 기업의 성패를 가르는 요체임을 인식하고 기업 구성원 모두가 합심하여 급변하는 경영환경에 능동적으로 대처해야 한다.

〈2018. 1. 26.〉

제7부

사회복지와
노인문제

효(Hyo)는 우리 국민의 희망이다

2001년 유엔 유니세프에서 아태지역 17개국 청소년 1만여 명을 대상으로 면접조사를 했다. 여기에서 한국 청소년들의 어른에 대한 존경심이 최하위인 것으로 나타났다. 예로부터 동방예의지국이라고 칭송받았던 우리나라인데 왜 이렇게 되었는지 의아스러울 정도다. 지난 반세기를 거치면서 6·25전쟁과 IMF 등 국가적으로 큰 시련을 겪었다 해도, 면면히 지켜온 경로효친의 전통문화가 뿌리로부터 흔들리고 있는 것 같아 안타까운 마음 그지없다.

요즈음 TV드라마에 나오는 대화 장면을 보더라도 노인이나 부모에 대한 언어태도는 공경하고는 거리가 멀다. 반말쯤은 예사이고 그 내용에 있어서도 자식이 부모의 뜻을 거역하고 원하는 결혼을 과감하게 밀어붙인다는 줄거리가 대종을 이룬다.

논어 위정편에 보면, 효(孝)에 대하여 공자에게 묻는 대목이 나온다. 공자는 한마디로 무위(無違)라고 답한다. 어기지 않는 것이 효라는 것이다. 즉, 순종하는 태도를 일컬음이다. 또 다른 장면에서 공자는 효에 대하여 이렇게 언급한다. 효는 부모유기질지우(父母唯其疾之憂)라. 즉, 부모는 자식의 질병을 걱정할 따름이라는 뜻이다. 부모의 자식에 대한 지극한 사랑을 표현하고 있다.

선진시대의 공자의 효는 효(孝) 속에 자(慈)를 내포하고 있었다. 한자의 효(孝)의 모양은 자식이 노인이 된 부모를 업고 있는 형상인데, 단순히 업힌 상태가 아니라 자식에게 나직한 목소리로, "애야, 사랑한다. 고맙다."라고 전하는 부모의 자애로움이 담겨있다. 소위 양방향적 커뮤니케이션이 작용하고 있는 것이다.

적지 않은 젊은이들이 생각하는 효에 대한 부정적 인식은 무조건 백안시할 것이 아니라 그 이유와 배경을 살펴 볼 필요가 있다. 선진시대의 효는 순수한 의미의 부자관계를 규정하는 가치규범이었다. 그러나 진한시대이후 효개념은 충(忠)이 가미된 충효사상으로 변형되면서 체제유지를 위한 통치이데올로기로 이용되었다. 일방적이고 교조적인 강제규범으로 경직화되고 자식은 효·불효의 대상으로 구분되어 불효자식은 말하자면 '죽일 놈'으로 낙인 찍혔다.

이러한 중국적인 충효사상은 우리나라에도 유입되어 숭유억불정책을 국시로 삼았던 조선왕조에 이르러서는 그 기세가 한층 고조되었다. 우리의 전통적 효개념에는 이와 같은 이데올로기적 요소가 남아 있다. 젊은이들이 효를 접할 때 느끼는 양가감정은 여기에서 비롯되었다고 볼 수 있다. 효행교육의 어려움도 이와 무관하지 않다. 전통적인 효개념에 머물러 미풍양속이라는 이름만으로 이를 선양하기에는 설득력의 한계가 있는 것이다.

따라서 전통적인 효는 현대적인 효개념으로 재해석되지 않으면 안된다. 보다 자유롭고 평등지향적인 관계규범으로 거듭나야 한다. 부모 어른들이 효의 본래적 의미를 재발견하고 현재의 자녀세대와 같은 눈높이의 공감이 이루어지도록 노력해야 한다. 유니세프의 조사결과에서도 청소년들이 어른을 존경하지 않는 이유의 하나로 어른들의 징벌적 훈육태도를 적시하고 있다.

요컨대. 가장 기본적이고 태생적인 인간관계인 부모와 자녀 사이를 끈끈하게 맺어주는 효야말로 모든 정(情)과 사랑의 근원이 되는 씨앗사랑(seed love)이라고 할 수 있다. 씨앗사랑, 효사랑을 기반으로 시흥자치신문이 펼치고 있는 효문화운동은 매우 뜻깊고 시의적절한 캠페인이라고 생각한다. 오늘날 가정과 사회에서 갈등과 반목으로 헝클어진 인간관계를 회복하고 진정한 사회통합을 이룰 수 있을 뿐만 아니라. 국가적으로도 산업화와 민주화의 발판을 딛고 선진화로 발돋움할 수 있는 도덕적 동력을 제공하는데 이바지할 것이다.

시흥시 일원에서 점화된 효문화운동의 불길이 미구에 전국 곳곳으로 전파되어 대한민국이 동방예의지국에서 한걸음 더 나아가 세계예의지국으로 우뚝 서게 될 날이 도래하기를 기대해 마지않는다.

효(Hyo)는 우리 국민의 희망이다.

〈2008. 10. 3.〉

사회적 역할이 있는 노년의 삶

　지금 노인들은 어렵고 힘든 세대이다. 예전처럼 노인프리미엄이 있어서 존경과 대접을 받던 시대는 지난 지 오래다. 더 이상 노인이란 이유만으로 권위를 내세우거나 상대방에게 양보를 요구할 수 없다. 남녀노소를 고루 동등하게 바라보는 민주주의적 시각은 이미 우리의 의식구조 저변에 깊이 뿌리박고 있는 것이다.

　그래도 전통의 힘은 대단해서 경로효친의 사상이 아직까지 우리 생활 속에 숨 쉬고 있다는 사실 또한 부인할 수 없다. 65세 이상의 노인에게 지하철 무임승차를 허용하고 차량 한편에 경로석을 지정한 일들이 그런 사례이다. 최근에는 효행장려지원법이 제정되고 기초노령연금을 일부 대상에게 지급하는 등 노인복지정책의 내실화가 점차 이루어지고 있는 느낌이다.

　이러한 변화와 발전은 노인들의 구체적 삶의 질 향상에 긍정적 요인으로 작용할 터이지만, 이는 어디까지나 필요조건이지 충분조건은 아니며 필요조건 중에서도 일부분에 불과할 뿐이다. 인간의 삶을 직접적으로 좌우하는 주요인자는 정책보다는 행태적인 측면이 더 강하다고 볼 수 있다. '다 자기 할 탓이다'라는 말도 있지 않은가.

언젠가 경로석에 앉은 젊은이를 불문곡직 호되게 나무라는 어느 노인의 오버액션 장면이 떠오른다. 노인이 노인다움의 품위를 스스로 포기할 때 그 광경은 주위 사람들에게 노추(老醜)와 노욕으로 기억될 것이 자명하다. 그 노인 역시 마음이 유쾌할 리 없었을 것이다.

공자는 논어의 군군신신부부자자(君君臣臣父父子子)란 대목에서 각자 처한 위치에 따른 엄정한 역할수행을 강조하고 있다. 또 노인의 역할관계에서는 이순(耳順)과 종심소욕불유구(從心所欲不踰矩)의 태도를 주문하고 있다. 이를 오늘의 조직생활에 적용해 보면, 노인은 조직구성원의 의견을 경청하고 배려하며 상하좌우간 소통을 원활히 하여 합리적 의사결정에 이르게 하는 통합적 리더십의 역할수행자로 본 것이다.

자기의 역할이 없다는 것은 사회관계망에서 이탈됨을 의미한다. 시골의 농사일을 접고 서울의 아들집 아파트에 눌러 사는 어느 노인의 경우를 생각해 보자. 텅 빈 방안에서 천정만 쳐다보며 무위도식하는 무료한 일상은 일견 편해서 좋을 것 같지만, 아마도 사는 재미를 잃고 우울증에 빠져 버릴 지도 모를 일이다.

사회적 역할의 모호성(rolelessness)이 오래 지속되면 노인의 정신건강에 적신호가 켜지기 쉽다. 인간은 역할수행에서 자기존재의 의미를 찾고 보람을 느끼는 법이다. 사회재건이론(social reconstruction theory)에 따르면 노년이 되어 뒷전으로 물러나면 물러난 사람들의 사회는 와해되고 만다고 한다. 이를 회복하기 위해서는 사회재건이 필요한데, 중요한 것은 의존과 나태에서 벗어나 과감하게 조직과 사업에 참여하는 자세라고 역설한다.

근래 노인을 위한 평생교육이 강조되는 배경에는 앞서 언급한 사회적 역할의 모호성, 사회재건의 문제와 함께 성공적 노화(successful aging)를 추구하려는 노력이 터 잡고 있다. 성공적 노화는 질병을 예방하고 활기찬 생활을 통하여 고도의 신체정신기능을 유지하는 것을 목표로 삼는다.

『나는 걷는다』의 저자 베르나르 올리비에는 이를 몸소 실천한 대표적인 인물로 꼽힐 만하다. 1999년 나이 62세에 실크로드 도보여행을 시작해서 65세에 끝냈는데 터키 이스탄불에서 중국 서안까지 12,000km를 네 번으로 나눠 완주했다고 한다. 스스로 몸을 일으켜 삶에 용기를 불어넣고 세계 노인들에게는 희망의 빛을 밝혀 준 쾌거로 기록될 것이다. 노년의 삶을 말할 때 타인에게 유익을 주는 재능기부와 봉사활동을 빼 놓을 수 없다.

미국 은퇴자협회(AARP)는 올해의 슬로건으로 '봉사를 바라지 말고 스스로 봉사하자(To serve, not to be served)'로 정했다고 한다. 지역사회에의 참여, 새 친구 사귀기, 변화와 차이 만들기를 3대 목표로 특히 자원봉사활동을 활발히 펼치고 있다. 미국의 노인들은 사회재건과 사회

변화의 주역으로서 당당하게 살아가고 있다. 문제는 어떻게 재정적으로 튼튼한 노인 조직을 만들어 조직의 지속가능성을 세고시키느냐 하는 것이다.

미국의 노인 단체 중에서 좋은 단체라고 하면 후원하는 유태인이 많고 재정구조가 건실한 조직이라고 한다. 어느 면에서 인간을 자유롭게 하는 힘은 진리 못지않게 돈에서 나오는 것이 아닌지 모르겠다.

'호랑이보다 무서운 세월을 견디고 이겨내야 할 노인들이시여! 번드치고 일떠서서 활기찬 노년을 만들어 가세요. 사회적 역할이 있는 노년의 삶이 아름답습니다.'

〈2008. 11. 14.〉

인생(人生)길에 나이의 언덕은 없다

나이를 사계절에 비유하여 춘추(春秋)라고도 일컫는다. 나이를 의식하고 세월의 무상함을 느끼기 시작할 때가 언제쯤일까. 개인차가 있겠지만. 대체로 가을나이에 해당하는 50세 전후가 아닐까 싶다. 이립(而立)과 불혹(不惑)의 시기에는 대개 나이를 잊고 현실에 파묻혀 정신없이 살아가기 마련이다. 때로는 평생 늙지 않을 것처럼 오만에 빠지기도 한다.

꿈과 이상을 잃을 때 늙음은 시작된다

치열한 생존경쟁의 밀림을 조금 비켜서서 어지간한 나이인 중년을 맞으면. 가을볕에 익어가는 열매처럼 뿌듯함과 아쉬움이 함께 밀려오는 감상에 젖을 듯싶다. 흡사 숨 가빴던 청춘의 뒤안길에서 어느새 돌아와 거울 앞에 선 단아한 가을연인의 모습이라고 할까.

서양에서도 중년을 고개 넘어가는 나이(over-the-hill age), 또는 가을 초로 나이(autumnal life)라고 해서 물리적 노화(aging)의 한 시기를 나타내는 말로 쓰인다. 그것은 청춘과 노년 사이를 이어주는 가교이다. 이를 '나이의 언덕'이라고 표현하는 것은 어폐가 있어 보인다. 왜냐하면 그 언덕 너머에는 내리막길이 있음을 상정하고 있기 때문이다. 내리막길은 정상을 향해 오를 때의 희망과 설렘이 없다. 발걸음도 힘과 맥이 빠져 쉴 자리부터 찾게 된다. 성취와 불성취 뒤의 허전함이 온몸을 덮는다.

중년을 지나 인생 후반기에 펼쳐질 노년을 바라보는 생각과 태도는 매우 중요한 의미를 갖는다.

'청춘이란 인생의 어느 기간이 아니라 마음의 상태를 뜻하지요. 그것은 장밋빛 뺨, 앵두 같은 입술, 하늘거리는 자태가 아니라 강인한 의지, 풍부한 상상력, 불타는 열정을 말하지요. 때로는 이십의 청년보다 육십의 노인에게 청춘이 있지요. 나이를 먹는다고 해서 늙는 것이 아니요 이상을 잃어버릴 때 비로소 우리는 늙는 것입니다.'

사무엘 울만의 「청춘(youth)」이란 시의 일부이다. 정신의 조로증을 경계하고 영원한 청춘을 권면하는 메시지가 담겨 있다고 하겠다. 실로 꿈과 이상을 가진 자는 부단한 자기성장을 꾀하며 보다 나은 세상을 만들기 위해 '노블레스 오블리지'를 스스로 실천한다.

이들의 인생길에 나이의 언덕도, 내리막길도 존재하지 않는다. 만약 있다면 그것은 자신의 마음이 만들어낸 허상일 뿐이다. 특히 노인은 내일의 꿈 못지않게 오늘 하루를 값지게 사는 노하우를 익혀야 한다.

매일 매일을 하나의 작은 인생으로 삼고 지금 죽어도 여한이 없을 만큼 열심히 살아야 옳다.

후회 없는 오늘을 사는 지혜와 관련하여 미국 배우 제임스 딘(James Dean)의 대사 한 토막이 떠오른다.

"영원히 살 것처럼 꿈꾸고 내일 죽을 것처럼 살아라(dream as if you will live forever, live as if you will die tomorrow)!"

중년기 이후의 인생 로드맵이 상향직선을 이어가느냐, 하향곡선으로 기울어지느냐하는 것은 전적으로 자신의 선택에 달려 있다. 각자 자기의 몫으로 남는 것이다.

노인(老人)과 노물(老物)의 차이

"내 인생에 은퇴는 없어요. 죽을 때까지 현역으로 뛸 겁니다. 행복한 노년을 위해서는 나이가 들어도 창조하는 일을 멈추어서는 안 됩니다."

지난 달 6일, 한국나이로 100세가 되었지만, 지금도 환자를 진료하고 책도 펴내고 있는 일본인 의사 히노하라 시게아키(日野原重明) 박사의 인터뷰 내용이다. 그는 2000년부터 '신노인회'를 조직하여 '노후의 인생도 열심히 살자'는 노인 시민운동을 벌이고 있다.

고령사회가 우리사회의 큰 부담으로 작용하고 있다.

앞으로는 노인도 스스로 달라져야 한다. 노물이 아닌 노인으로 당당히 그리고 품위 있게 살기 위해 노인 스스로 옷깃을 여미고 성찰할 필요가 있다. 자활과 창의력을 키우고 사회에 공헌하는 노인이 많아질수록 부채적인 존재가 아니라 오히려 자산적인 고귀인. 존경받는 어른으로 거듭날 것이다. 인생길에 결코 나이의 언덕은 존재하지 않는다.

〈2010. 11. 26.〉

다산 선생이 추구한 나눔과 민생의 실학

"개혁이 아니면 죽음이 있을 뿐이다."

"지금 당장 개혁하지 않으면 나라가 필시 망하게 된다."

얼핏 듣기에 어느 순국열사의 피맺힌 절규 같기도 하지만, 실은 다산 정약용 선생의 저서 속에 자주 등장하는 경고 메시지이다. 다산 (1762~1836)은 그가 살았던 조선 후기의 사회가 총체적으로 부패하고 병들었다고 진단했다. 그는 대표작인 『목민심서』의 머릿말에서 "요즘의 사목이란 자들은 이익 추구하는 데만 급급하고 어떻게 목민해야 할지에 대해서는 모르고 있다. 이 때문에 백성들은 곤궁하고 병들어 죽어가도 그들은 고운 옷과 맛있는 음식으로 자기 배만 살찌우고 있으니 어찌 슬픈 일이 아니겠는가!"라고 탄식했다. 후일 사가들은 이 시대를 삼정(三政)이 문란했던 '세도정치 60년'으로 기록하고 있다.

다산은 39세의 나이에 참소를 당해 벼슬을 버리고 낙향했다. 그 해 6월 그를 아끼던 정조(正祖)가 갑자기 죽고 이듬해에는 천주교가 빌미가 되어 신유옥사를 겪었다. 경상도 포항 장기로 유배되었다가 다시 전라도 강진으로 이배되어 18년간의 귀양살이를 하게 되지만, 그는 자신의 운명에 결코 좌절하지 않고 시대의 아픔을 학문적 성취로 승화시켰다.

다산은 실학을 집대성한 대학자의 이름답게 정치, 경제, 역사, 지리, 문학, 철학, 의학, 군사학, 자연과학 등 거의 모든 분야에 걸쳐 방대하고 혁혁한 저술을 남겼다. 사서육경의 연구물인 경학서 232권, 일표이서(경세유표·목민심서·흠흠신서)를 포함한 경세학서 138권, 시문집 등 160여 권을 합하여 모두 530여 권에 이르렀다. 다산은 '자찬 묘지명'에서 "사서육경으로 심신을 수양하고 일표이서로 천하와 나라를 다스리니 이로써 본과 말을 갖추었다"고 회고했다.

다산은 당시의 지배적 학문이던 주자의 성리학에 안주하지 않고 그 폐단을 지적하는 동시에 온고지신(溫故知新)에 의거, 의미내용을 재해석했다. 과학적 합리성을 띤 실사구시를 변화하는 새 시대의 대의로 삼았으며 다산은 당대의 대표적인 실학자로 자리매김하게 된다.

다산은 '원목(原牧)'이란 글에서 "목민관은 백성을 위하여 있는 것이다(牧爲民有也)."라고 언명하고 필연적인 개혁이 수반되는 나눔과 민생의 실학을 정립했다.

다산은 밑바닥으로 추락한 소작인, 소농, 소상공인들의 비참한 삶의 현실에 주목했다. 권력과 부를 양손에 거머쥔 지방관들의 갑질과 가

렴주구가 극에 달해 정당한 몫의 사회관계를 일그러뜨리고 민생의 파탄을 불러왔다.

다산의 비판적 현실인식은 기실 당시의 지배계층인 조정군신 전체를 겨냥한 준엄한 경종이었다. 경제제도의 모순을 제거하기 위해 경자유전의 원칙에 입각한 여전법(閭田法)의 필요성을 주장했다. 전국의 토지를 촌락단위로 나눠 공동노동, 공동분배를 강구한 여전론은 그 실현 가능성은 차치하고, 당시 문무고관들의 토지 겸병과 편재를 막고 백성들에게 토지를 고르게 나누어 농사를 지을 수 있도록 하기 위한 고육지책으로 이해될 수 있다.

오늘날 빈부의 격차와 사회 양극화, 대기업과 중소기업의 동반성장론, 초과이익 공유제, 전관예우문제 등이 당면 정책과제로 활발히 논의되고 있는 요즈음 다산의 나눔과 민생의 실학사상은 시사점이 크다고 하겠다.

현 정부가 집권 초기, 경제 살리기에 집중한 후, 중기 이후에 접어들어 나눔과 민생을 표방하는 정책전환을 시도하고 있는 점은 옳은 방향 설정이라고 본다. 다만 충분한 사전검토와 숙려가 부족했던 점, '고소영' 내각으로 폄하되는 개혁추진세력에 대한 국민의 불신 등으로 소기의 성과를 거두지 못하고 있음은 매우 안타까운 일이다.

"진보는 이념의 굴레에 갇히지 말고 철저히 민생을 우선시해야 한다."며 "서민과 중산층의 삶이 우선시 되는 민생진보의 정치를 펼 것"

이라고 역설한 모 야당 대표의 말이 다산의 개혁정신과 맥이 닿는 것이라면 여와 야가 다산(茶山)이란 큰 개혁의 물결 위에서 같은 배를 타고 사단법인 한국정책포럼의 창립이념이기도 한 '통일된 녹색 복지국가' 달성을 위해 함께 전진하는 대동화합의 날이 오리라 믿어 의심치 않는다.

〈2011. 6. 3.〉

노인은 문제인가, 희망인가

지하철 안에서 책을 보는 노인의 옆모습이 아름다웠다. 정갈하게 차려 입은 독서 삼매경의 자태가 마치 소나무 위의 흰 학처럼 느껴졌다. 세 걸음쯤 떨어졌을까. 머리 희끗한 파란 눈의 할머니가 연신 그에게 눈길을 주었다. 그녀도 필시 책 읽는 풍경에 매료되어 포근한 시선을 보냈을 것이다. 잠시 후, 두 사람이 함께 내리는 것으로 보아 아마 금실 좋은 노부부가 아닐까 생각했다.

순간, 며칠 전의 씁쓸한 광경이 머리에 떠올랐다. 역시 지하철 안에서의 일이다. 어느 젊은이가 경로석에 앉아 있다는 죄 하나로 무자비한 봉변을 당했다. 불문곡직 호되게 나무라는 어느 노인의 노기는 쉬 수그러들지 않았다. 모든 일에는 곡절이 있는 법인데 아랑곳하지 않았다. 그 노인에게는 사정을 헤아리고 역지사지하는 아량이 없었다. 그는 노인이 아니라 노물이었다. 거친 세파에 찌들어 인간에 대한 따스한 연민의 정이 바닥이 난 것일까.

통계청이 최근 발표한 '세계와 한국의 인구현황 및 전망' 자료에 따르면, 한국의 인구는 2015년 5,100만 명에서 2060년 4,400만 명으로 감소하는 것으로 나타났다. 이대로라면 한국의 인구규모는 올해 기준 세계 27위이지만 2060년에는 49위로 떨어진다. 출산율의 감소가 주원인이다. 이런 추세 속에 전체인구 중 만 65세 이상 고령층이 차지하는 비율은 2015년 13.1%에서 2060년 40.1%로 급증한다. 그때가 되면 한국은 세계에서 고령인구비율이 카타르(41.6%)에 이어 두 번째로 높아진다. 이는 인구 5명 중 2명이 65세 이상 고령층에 해당한다는 의미이다.

2016년 하반기에 이르면, 노인인구비율이 14%를 상회하여 고령사회(aged society)로 진입하게 된다. 2000년 7.2%가 되어 고령화사회(aging society)로 접어든 이래 불과 16년 만의 일이다. 10년이 더 지나면 20%에 이르는 초고령사회가 도래한다고 한다. 혹자는 이를 두고 '고령사회의 쇼크', 또는 '고령사회의 지진'이라 표현하며 위기관리의 필요성을 강조하고 있다.

고령사회의 노인문제를 두고 대체로 다음 두 가지의 접근방법이 제시되고 있다. 하나는 제도적으로 선진국형 노인사회안전망을 구축하여 노인을 노인빈곤으로부터 구제해야 한다는 주장이다. 노인을 문제의 대상으로 보고 국가가 개입해 보편적인 노인복지정책을 펼쳐야 한다는 얘기다. 이는 국가의 재정력을 고려하면서 사회적 합의를 거쳐야 할 중요한 정책과제가 아닐 수 없다.

다른 하나는 노인문제를 문제로 보는 부정적 시각에서 벗어나 고령사회의 위기를 또 하나의 기회로 보는 긍정적 시각에서 출발한다. 노인에 대한 새로운 인식과 역할전환에 관한 것인데 이것은 노인 스스로의 자립의지와 자활노력이 선행되어야 가능한 일이다. 노인만이 지닌 자산과 지혜, 경륜을 십분 활용할 수 있다면 문제의 세대가 아니라 희망의 세대로 나아가는 일이 어렵지만은 않다. 권위의식에 젖어 분별없이 호통치고 질타하는 노인보다 책을 가까이 하며 자기실현을 멈추지 않는 노인, 그리고 가진 재능과 경험을 사회에 기부하고 공헌하는 노인들에게 국민들은 지지와 존경을 보낼 것이다.

이런 맥락에서 필자는 'HAPPY시니어운동'을 제안하고 싶다. 영문의 이니셜이 의미하는 덕목을 노인들이 솔선수범하는 것이다. 희망의 세대임을 자임하는 것이다. 즉, 건강한 노년(Healthy aging), 활동적인 노년(Active aging), 당당한 노년(Proud aging), 생산적인 노년(Productive aging), 겸양과 온유의 덕을 갖춘 노년(Yielding aging)이 그것이다. 수동적이고 의존적인 노인상을 지양하고 능동적이고 자립적인, 그러면서 관대한 노인상을 추구하는 자기혁신선언이다.

여기에서 명심해야 할 것은 일과 더불어 여가의 적절한 조화를 통하여 노인의 '삶의 질'을 높이고 노인의 행복지수를 제고하는 문제이다. 일하며 느끼는 보람, 여가활동을 통한 생활의 즐거움, 그리고 아름다운 마무리를 위한 버킷리스트의 실행 등이 노인에게는 각별히 중요하다. 끝으로 평소에 애송하는 시 「희망」의 일절을 적는다.

'닻줄을 감아라. 납덩이같은 저기압을 바람이 밀면 이랑이랑 뱃머리는 파도를 갈고, 푸르디 푸른 하늘은 내 가슴에 부딪쳐 무너져 내리나니……. 아! 오늘은 내 젊은 날의 출항이다.'

〈2015. 7. 24.〉

맞춤형 노년건강 십계명

"요즘 나이 예순은 아야 아." 어느 80대 노인이 환갑을 갓 넘긴 초로의 노인에게 던진 말이다. 실제로 60대 나이 가지고 노인 행세하기가 좀 쑥스러운 일이 되었다.

정부는 2018년 이후 노인 기준연령을 65세에서 70세로 올리고 정년도 65세로 올리는 '제3차 저출산·고령사회기본계획안'을 최근 발표했다. 올해 5월에는 대한노인회가 노인 기준연령 70세를 공론화하자고 제안한 바 있다. 복지재정 부담을 줄여야 한다는 취지에서이다. 그런데 문제는 물리적인 나이 숫자놀음보다 정작 주목해야 할 것은 대체로 노인들이 건강하고 질 좋은 삶을 영위하고 있지 못하다는 사실이다.

기대수명보다 건강수명을 높여야

통계청 조사에 따르면, 1970년 62세였던 한국인의 기대수명은 2013

년 82세로 껑충 뛰었다. 평균수명이라고도 일컫는 기대수명에 있어서 한국은 이미 중국과 미국을 추월했고 일본과는 바짝 추격을 하고 있는 중이다. 반면, 질병 없이 건강하게 사는 기간을 의미하는 건강수명은 2012년의 경우 66세로 같은 해의 평균수명 81세보다 무려 15년이 낮다.

이것은 다시 말하면 노년기의 15년을 질병과 싸우는 데 허비하고 있다는 이야기이다. 숫자상의 장수가 반드시 축복이 아니라는 말도 이런 경우의 표현일 것이다. 건강상태에 대한 국민의 주관적 만족도에 있어서도 경제협력개발기구(OECD) 회원국 중 우리나라가 최하위의 수준을 나타내고 있다. 대부분의 국가에서 국민의 60% 이상이 스스로 '건강하다'고 응답한 반면, 한국인은 그 비율이 30%대에 머물고 있다.

노년의 건강과 행복은 일차적으로 노년 스스로의 책임이라는 인식에서 본인이 개선의지를 갖고 노력해야 한다. 노화로 인한 신체적 변화는 적극적인 생활습관과 건강관리로 개선될 수 있다는 것이 의학계의 정설이다. 최근 미국 질병통제센터(CDC)와 미국 국립보건원 산하 국립노화연구원(NIA)이 공동 발표한 '건강하게 나이 들기 십계명'은 노년 건강 증진을 위한 팁으로 참고가 될 것 같아 소개한다.

1. 움직여라.
2. 근육을 키워라.
3. 충분한 영양섭취를 하라.

4. 고혈압 등 만성질환을 관리하라.

5. 정기적으로 건강검진을 하라.

6. 잠이 보약이다.

7. 공부를 하라.

8. 배우자·친구관계를 유지하라.

9. 스트레스를 관리하라.

10. 우울증을 극복하라.

여기에서 9, 10항은 정신건강 요소로서 노인행복지수를 좌우하는 중요 변수이다. 신체적으로 아무 이상이 없다 해도 노인우울증, 치매 등 정신적인 장애나 결함이 존재하면 결코 건강하고 행복한 마음상태를 유지할 수 없다. 우리나라가 노인자살률 세계 최고를 차지하고 있는 이유도 이와 무관하지 않다. 이런 맥락에서 세간에 회자되는 '노년 정신건강 십계명'을 여기에 소개한다. 각자에게 적합한 맞춤형 정신건강 수칙을 세우는 데 도움이 되었으면 한다.

노년 정신건강 십계명

1. 일일이 알려고 하지 말라.

2. 이것저것 따지지 말라.

3. 삼삼오오 즐겁게 어울려라.

4. 사소한 일로 사생결단하지 말라.

5. 오케이 예스맨이 되라.

6. 육체적 스킨십을 가져라.

7. 70%면 만족하라.

8. 팔팔할 때 걸어라.

9. 구질구질한 생각, 물건을 버려라.

10. 10%는 사회봉사에 써라.

〈2015. 10. 23.〉

다시 국민행복을 생각한다

　나라 안팎으로 어렵고 힘든 한해가 아니었나 싶다. 대학교수들은 2015년의 한국 사회를 규정하는 사자성어로 혼용무도(昏庸無道)를 꼽은 바 있다. 나라 상황이 암흑에 뒤덮인 것처럼 온통 어지럽다는 뜻이다.

　역사가들은 혼용무도의 표본으로 중국 진나라 2세 황제 호해 시대를 거론하곤 한다. 호해는 환관의 농간에 귀가 멀어 실정과 폭정을 거듭하다 즉위 4년 만에 반란군의 겁박에 의해 자결하고 진은 멸망하고 만다. 좀 극단적인 예화 같지만 그만큼 나라사정이 혼란스러웠다는 증좌이다. 나라형편이 이럴진대 국민의 삶과 행복도가 좋을 리 만무다.

　'진정한 국민행복시대를 열자'는 제하의 칼럼을 필자가 본지에 게재한 것이 올 초의 일이다. 현 정부가 지난 대선 때부터 내세운 국정 슬로건 '국민행복'이 구호처럼 제대로 구현되고 있는지를 점검해보자는 취지에서였다.

　돌이켜보면, 국가발전보다 국민행복이란 감성적 표현의 선점이 주효했다. 국민의 일상적 삶의 현장에 따뜻한 햇볕을 비추겠다는 친국민적 행보는 산업화와 민주화를 이루어 낸 대한민국의 새 정책비전으로 평가를 받았고 대선승리의 원동력이 되기도 했다.

이 칼럼에서 필자는 정부가 추진하는 '경제혁신 3개년계획'은 구체적으로 국민의 삶을 향상시키는 방향으로 추진되어야 하며 과거 '경제개발 5개년계획'의 경제일변도에서 벗어나 환경, 보건, 노동, 안전, 교육 등 국민행복의 기본요소들이 골고루 반영되는 맞춤형 경제발전전략이 되어야 옳다고 언급했다. 또 단순히 GDP(국민총생산)규모나 외환보유고를 높이려는 고식적 노력만 가지고는 상황을 변화시킬 수 없으므로 사회양극화를 개선하고 국부가 국민에게 균점되는 국민행복단계로 나아가야 한다고 주장했다.

1년이 지나는 이 시점에서 한번 중간평가를 해보면 정부는 여전히 GDP 성장신화에 집착해 있고 창조경제라는 이름으로 경제성장과 경기부양에 진력하는 모습이다. 물론 당국자도 할 말이 있을 것이다. 정부의 모든 활동이 결국은 국민행복을 위한 것이며 특히 경제성장의 성공은 기본조건이라고 말이다. 전적으로 틀린 말은 아니다. 하지만 국민행복이란 목적과 경제성장이란 수단의 도치현상이 지속되어 발생하는 부작용을 간과해서는 안 될 것이다.

최근 서울대행정대학원 김병섭 교수는 '행복국가로 가고 있는가' 제하의 칼럼(동아일보, 2015. 12. 14.)에서 "정부가 진정으로 국민행복을 국정목표로 삼고 이를 증진시키려면 정부의 모든 활동이 이와 관련이 있다고 전제할 것이 아니라, 정부정책 및 서비스와 국민행복 간의 인과경로에 관한 보다 면밀한 분석과 점검이 필요하다."고 지적했다.

한편, 경제성장의 측정지표가 GDP이듯이 국민행복을 측정하는 지표가 개발되지 않고 있다는 사실도 납득하기 어렵다. 국민행복을 결정짓는 요인들이 무엇이며 이의 총합인 국민행복지수가 현재 어떤 수준인지, 높아졌는지 낮아졌는지 판단할 준거가 없는 것이다.

유엔이 발표한 '2013년 행복보고서'에 따르면 국민행복을 설명하는 데 있어서 GDP의 효과는 부분적이며 오히려 원만한 사회관계, 건강수명, 자유, 포용성, 투명성 등 비경제적 가치가 국민행복을 좌우하는 중요변수로 등장했다고 발표했다.

이 보고서에서 한국의 행복순위는 멕시코, 브라질, 태국보다 낮은 41위를 차지하고 있다. 이제는 엄마의 정성어린 육아행위는 GDP증가분에 포함되지 않고 아동을 학대하는 어린이집에 돈을 주고 맡기는 일은 성장에 기여하는 경제활동으로 치부되어 GDP증가에 공헌하는 GDP신화의 미몽에서 깨어나야 한다. 국민 눈높이에서 국민의 웰빙과 사회발전을 반영할 수 있도록 인간자본과 사회자본, 자연자원 등을 모두 포괄하는 국민계정, 즉 합리적 대안 지표를 개발하는 데 정부가 앞장서야 한다. 이는 국민행복을 주요 국정목표로 추진하고 있는 정부의 의무이기도 하다.

이미 GDP의 한계를 극복하려는 국제적 노력들이 다양한 차원에서 시도되고 있다. 우리는 고유 전통인 홍익인간의 세계화를 위한 선도적 역할을 자임할 수도 있다. 아무쪼록 새해는 국민의 눈물을 닦아주는 지도자, 국민행복지수를 높이는 좋은 정부를 기대하면서 병신년 새해 국민행복 소망을 다시 빌어 본다.

〈2015. 12. 25.〉

저출산, 저결혼 문제와 가정의 달

　우리나라 출산율과 결혼율이 꾸준히 하락하고 있다. 지난 해 출산한 신생아 수는 40만 명을 겨우 상회하는 수치로 사상 최저를 기록했다.

　합계출산율은 1. 17명으로 경제협력개발기구(OECD) 평균인 1. 68명에 크게 못 미치는 숫자다. 이것이 1. 30 미만이 되면 초저출산국가로 분류된다. 2005년 '저출산고령사회기본법' 제정 이후 10년간 저출산 해소에 약 80조원의 예산을 쏟아 부었다는데 성과는 거의 제로 상태라고 한다. 출산절벽이 발등의 불이 된 셈이다.

　지난 해 결혼율은 어떠한가. 출산율과 같이 결혼율도 역대 가장 낮은 수치를 보이고 있다. 숫자로 보면, 인구 1,000명당 결혼 건수인 조결혼율은 연간 5. 5건으로, 1980년 10. 6건을 정점으로 계속 내리막길이다.

　결혼절벽이란 말이 시사하듯 이제 저결혼 현상은 낯설지 않은 관행이 되었다. 출산절벽과 더불어 결혼절벽이 서로 쌍끌이를 하며 나아가고 있는 형국이다. 출산율과 결혼율의 지속적인 하락은 우리나라 인구정책에 비상등이 켜졌음을 의미한다. 이와 같은 추세로 나간다면 2750년에 이르면 우리나라 인구가 소멸될 것이란 미래예측도 나온 바 있다. 이러한 인구재앙을 막기 위해서 미리 실효성 있는 예방대책을 강구해 나가지 않으면 안 된다. 문제에 대한 해답은 정확한 원인을 찾아냄으로서 얻을 수 있다.

먼저 저출산의 원인들을 살펴보자. 아기를 낳아 잘 키우기가 점점 힘든 사회가 되어가고 있다는 데에는 별반 이견이 없을 것이다. 현실적으로 수반되는 경제적 부담과 육아의 어려움 등은 저출산을 넘어 출산절벽을 실감하기에 부족함이 없다. 어찌해야 할 것인가.

무엇보다 일과 가정의 양립이란 전제하에 보육여건의 개선이 이루어져야 한다. 동시에 출산의 걸림돌로 작용하고 있는 청년일자리, 주택 등 관련 문제를 총괄적 정책조합의 방식으로 풀어나가야 한다. 이런 점에서 시흥시가 올 시정목표로 '아이 키우기 좋은 도시 시흥'을 내세운 것은 다소 버거운 도전이기는 하나, 해볼 만한 정책의제의 설정이 아닌가 생각한다.

보다 면밀하고 구체적인 실행계획을 수립하고 중앙정부와 교육당국 등 관련기관과의 협력을 어떻게 확보해 나가느냐가 관건이 될 것이다. 최근 포스코 기업이 발표한 출산장려제도는 신선한 눈길을 끈다. 출산장려금을 종전보다 갑절 이상 올리고 원활한 육아를 위해 근무시간을 조정하는 내용이 핵심이다. 직원이 자녀를 낳으면 첫째 아이는 100만 원을 주고 둘째 아이의 경우는 5배인 500만 원을 주는 인센티브 규정과 근무시간의 탄력적 운용이 잘 시행만 된다면 타산지석이 될 수 있을 것이다.

다음, 저결혼의 원인들을 살펴보면, 결혼 연령의 젊은 세대 인구가 감소하고 있다는 점과 실업이나 임시 취업 상태인 청년들이 결혼을 미루는 사례가 늘고 있다는 점이 지적된다. 결혼은 필수가 아니라 선택이며 안 해도 괜찮다는 싱글족의 증가도 이와 무관하지 않다. 각자 사정이 다 있겠지만, 인구정책 차원에서 보면 과도한 저출산과 저결혼은 모두 바람직하지 않다. 개인적 차원에서 보더라도 결혼하여 자녀를 낳고 건강가정을 이루면 무엇과도 바꿀 수 없는 보람과 행복을 누릴 수 있으니 기회비용 치고는 감당할 만하지 않은가.

5월은 가정의 달이며 결혼의 달이기도 하다. 싱그러운 신록을 배경으로 행복의 꿈을 안고 많은 신혼부부가 탄생한다. 그들이 사랑하는 자녀를 출산하고 건강하고 지속가능한 결혼생활을 영위하는 한, 우리 사회의 애국적 공헌자임이 분명하다.

'가정이 건강해야 사회도, 국가도 건강하다'는 비전을 공유하고 활동을 펴고 있는 NGO단체 '건강가정실천 365일'의 10대 실천과제는 우리 모두에게 귀감이 될 수 있어 여기에 소개한다.

첫째, 부부 간 깊은 신뢰 속에 서로 존중하기. 둘째, 가족 간 정겨운 담소 나누기. 셋째, 서로 다름을 인정하고 칭찬을 많이 하기. 넷째, 가

사를 서로 돕고 정리정돈 잘하기. 다섯째, 친척은 물론 이웃과도 사이
좋게 지내기. 여섯째, 어른을 공경하고 인사 잘하기. 일곱째, 거짓말을
삼가고 약속 잘 지키기. 여덟째, 가족 간 서로 감사하는 마음 갖기. 아
홉째, 고운 말로 지적하고 타인과 비교하지 않기. 열째, 낭비를 줄이고
건전한 소비생활 하기.

〈2017. 5. 12.〉

제8부

국민행복과
국가발전

호국보훈의 달에 떠오르는 단상들

"자네는 언제까지 이 호 속에 있을 것인가?"

"예! 각하. 저는 군인입니다. 저의 직속상관으로부터 철수하라는 명령이 있을 때까지 여기 있을 것입니다."

"명령이 없을 때는 어떻게 할 것인가?"

"옛! 죽는 순간까지 여기를 지킬 것입니다. 우리는 지금 맨주먹으로 싸우고 있습니다. 놈들의 전차와 대포를 까부술 수 있도록 무기와 탄약을 주십시오."

이 대화 장면은 6·25전쟁 발발 나흘 후, 한강 남변 시흥 교두보에서 있었던 맥아더 장군과 한국군 병사와의 유명한 대화 한 토막이다. 이때 맥아더 장군은 그 병사의 손을 꼭 쥐고서 한국군 통역장교에게 말했다. "대령! 이 씩씩하고 훌륭한 병사하게 전해 주시오. 내가 도쿄에 돌아가는 즉시 미군 지원군을 보낼 것이라고. 그리고 그때까지 용기를 잃지 말고 훌륭히 싸우라고."

그러나 그토록 굳은 결의를 가지고 전선을 지키던 한국군 병사의 노력도 헛되이 북한군은 파죽지세로 경부선 도로와 철길을 따라 남진했다. 수원, 조치원, 대전, 추풍령을 넘어 대구 북쪽 왜관까지, 호남방면은 거의 무저항으로 공주, 전주, 군산, 목포, 하동, 진주를 거쳐 마산 서쪽 가야까지, 그리고 동해안은 영일만까지 진출하게 된다. 여기까지 걸린 시간은 불과 40일, 허지만 더 이상의 진격은 일단 돈좌된다. 낙동강방어선을 최후저지선으로 국군과 유엔군의 대반격이 시작된 것이다.

경기도 시흥시 지역은 눈에 띄는 교전이 없었다. 북한군이 남진에 몰두한 나머지 이곳 지역을 비켜갔기 때문이다. 다만 나중에 인천상륙작전이 개시되었을 때 지축을 울리는 함포사격으로 시흥주민이 놀라 방산동 고갯길로 몰려가는 소동이 있었다.

6·25전쟁은 우리 민족사뿐 아니라 세계사를 뒤흔든 국제적 이념전쟁으로 규정되고 있다. 북한군의 기습남침으로 개전 사흘 만에 수도 서울이 함락되고 그후 3년여에 걸친 골육상쟁은 강산을 피로 물들였다. 필자의 어린 기억에도 6·25전쟁의 공포는 뇌리 속에 선명히 남아 있다. 피신해 있던 동굴 속에서 가끔 나와 보면 소위 쌕쌕이란 전투기가 요란한 굉음을 내며 하늘로 치솟는 광경이 목격되었는데 그 순간 공포와 전율이 몸을 덮었다.

당시의 위정자들, 군사지도자들은 북한의 남침과 적화통일 의도를 제대로 파악하지 못했다. 북한군의 막강한 전투력을 과소평가했고 그들의 기만적인 평화공세전술에도 효과적으로 대응하지 못했다. 남한은 주한미군이 이미 철수되고 미 국무장관 애치슨의 AJO라인까지 선포된 상황이었다. 사태가 이럴진대, 신성모 국방장관은 "한반도에서 전쟁이 일어나면 우리 국군은 점심은 평양에서 먹고 저녁은 신의주에서 먹을 것"이라고 호언장담했다. 전쟁 당일 육군 참모총장 채병덕은 오전 7시가 되어서야 육군본부에 출근했다(채병덕은 6월 30일 총장직에서 해임됨). 시대를 막론하고 국가가 위기에 처했을 때 훌륭한 지도자와 지도층의 존재여부는 국운을 좌우한다고 봐도 과언이 아닐 것이다.

미국의 수도 워싱턴 DC의 한국전쟁 기념공원에는 '자유는 공짜가 아니다(Freedom is not free)'라는 글귀가 새겨져 있다. 유엔군의 참전 이유가 '자유 수호'였던 점에 비추어 봐도 자유는 당시를 지배했던, 무엇과도 바꿀 수 없는 시대가치였다. 세계사는 자유 확대의 역사라는 말도 있지 않은가. 자유는 인류사회가 지향해야 할 인간의 기본적 가치임에 틀림없다. 그러나 그 자유를 수호하기 위해 또는 확대하기 위해 평화를 유보하고 전쟁을 선택하는 것이라면 그것이 과연 옳은 결정인지 상념에 젖게 한다.

이 땅에 평화와 번영 대신, 전쟁과 폐허가 조국산하를 삼켜버릴 제2의 6·25 비극은 더는 없어야 한다. 필자는 월남전쟁 막바지에 미국의 육군병기학교에서 함께 교육을 받았던 월남 장교들을 잊을 수 없다. 어느 날 그들이 모습을 감추고 사라졌는데 이상히 여겨 알아보니 그날이 바로 자유월남이 패망한 1975년 4월 30일이었다.

망국의 아픔이 동병상련처럼 다가왔다. 호국보훈의 달 6월을 맞이하여 평화의 소중함과 함께 그 평화를 지키기 위한 안보의 중요성을 가슴에 새긴다. 그리고 평화적 통일을 이루는 그날이 하루 속히 오기를 진심으로 염원해 본다.

〈2008. 6. 13.〉

보수와 진보, 그리고 조화의 리더십

  베이징올림픽의 승전고가 연신 울려 퍼진다. 한편 광복 63주년, 건국 60주년을 맞은 지난 8월 15일 서울 도심에서는 보수와 진보진영의 대규모 집회가 각각 열렸다.

  양쪽 모두 8·15 광복절을 기념한다는 취지는 같았지만 그들의 주장과 집회 양상은 사뭇 달랐다. 보수단체들은 '이승만 건국대통령에 대한 범국민 감사 한마당' 행사에 초점을 맞춘 반면, 진보단체들은 태극기 대신 '한반도기'와 '이명박 OUT' 피켓을 들고 정부 주최의 건국60주년 행사를 비판했다. 해방 직후부터 노골화된 좌우익 간의 지독한 골육상쟁이 재연되는 것 같아 일순 거부감과 혐오를 느끼게 한다.

  그럼에도 불구하고 다행스러운 것은 우리는 개인의 자유와 인권을 보장받는 자유 민주사회에 살고 있는 까닭에 이런 저런 모습들을 눈으로 얼마든지 요기할 수 있다는 점이다.

  북한사회와 비교해 봐라. 북한은 자유가 전혀 없는 것은 아니지만 적어도 정부를 반대하는 정치적 자유는 결코 허용되지 않는다. '김정일 OUT'를 외치는 반정부 시위는 생각조차 할 수 없는 일이다. 북한헌법에는 자유라는 말이 8번 등장한다고 한다. 자유라는 말보다 '리익'이란 용어를 더 많이 사용하고 있다.

자유라는 말이 23번 등장하는 대한민국헌법과 달리, 북한당국이 자유라는 말에 인색한 이유는 무엇일까. 대저 자유는 인권문제의 본질이고 자유와 인권이 가혹한 억압을 받게 되면 인민의 저항과 혁명에 부딪칠 수 있다는 사실을 역사를 통하여 잘 알고 있기 때문일 것이다.

자유 민주사회에서는 보수와 진보 간에 간극이 첨예한 면이 존재한다. 불가피한 현상은 아니지만, 민주주의의 기본이념인 자유와 평등이 서로 가치갈등을 일으키는 것이 주된 원인이라고 볼 수 있다.

보수와 진보를 구분하는 첫 번째 기준은 자유와 평등을 바라보는 태도에 있다. 상대적으로 자유 편에 서면 보수적이 되고, 평등 편에 서면 진보적이 된다고 말할 수 있겠다. 사회생명체론에 따르면, 국가나 사회체제는 살아 움직이는 생물과 같아서 자유와 성장이란 생존에너지, 생명가치가 그 체제를 지탱해 주는 가장 기본적인 요소로 간주하고 있다. 공산주의이론의 비조 마르크스는 자유와 더불어 평등의 가치를 강조했다. 그는 자유를 확보하고 향유하기 위해서는 계급 없는 평등사회가 실현되어야 한다고 믿었다.

그렇다면 평등은 무엇인가. 평등의 유형에는 여러 가지가 있겠으나 평등의 본질은 한가지로 요약할 수 있다. 평등은 자유가 확대됨에 따라 수반되는 불평등문제를 해소하기 위해 시도하는 변화 지향적 가치이다. 다시 말하면 정의로운 사회를 구현하기 위해 기획되는 혁신적 가치인 것이다. 따라서 평등가치도 귀한 가치임에 틀림없다.

우리 헌법에도 평등권을 자유권과 더불어 핵심적인 권리로 규정하고 있지 않은가.

그런데 유의해야 할 점은 평등은 자유와 같은 생명적, 태생적 가치는 결코 아니며 자유가 더 선행적이고 본능적인 가치라는 점이다.

"닭이 먼저냐, 달걀이 먼저냐(chicken-and-egg dilemma)"라는 우문이 있다. 대체로 질문을 던지면, 재미있게도 닭이 먼저라는 답이 많이 나온다. 닭이 달걀에 앞선다는 말이다.

여기에서 닭은 자유요, 달걀은 평등이라고 비유할 수 있다. 닭이 달걀을 낳듯이, 자유는 불평등을 자양분으로 평등을 낳는다. 닭이 달걀을 가슴에 품으면 부화하여 새로운 생명을 탄생시킨다. 이러한 이치에 수긍한다면, 자유를 지향하는 보수와 평등을 지향하는 진보는 결코 대척점에 서있지 않고 보다 높은 이상을 공유하며 상호 보완적, 정합적 관계로 발전할 수 있다는 사실을 알게 된다. 정반의 변증법적 지양이 아니라 음양의 조화로움을 통한 태극의 경지, 대동사회로 발돋움하게 되는 것이다.

미국 링컨대통령의 예화를 소개하고자 한다. 그는 인류평등의 이상

실현을 위하여 노예해방을 선언하였다고 알려져 있지만, 기실 그는 제도적인 연방유지의 당위성을 내심 강조하였다는 점에 주목할 필요가 있다. 당시 미국은 남북전쟁이란 미증유의 내란상태에 놓여 있었고 자칫하면 미연방제도가 붕괴되는 위기상황에 직면해 있었다. 링컨은 미합중국인 연방을 살리는 일이 무엇보다 중요하다고 판단했다. 그는 노예해방은 시키되, 결코 서두르지 않았으며 이를 남북전쟁의 승리와 연방유지를 위한 지렛대로 삼았다. 결국 그는 조화의 리더십을 통하여 분열된 조국을 지켜낼 수 있었다. 미국의 수도 워싱톤에 있는 링컨기념관에는 다음과 같은 글귀가 새겨져 있다. "미연방을 구해낸 링컨은 미국 국민의 가슴속에 영원히 남아 있을 것이다."

〈2008. 8. 22.〉

원망은 물에, 은혜는 돌에

지난 6월 6일 현충일. 동작동 국립현충원은 그야말로 인산인해였다. 전몰장병묘역에 꽃다발이 즐비하고 간간이 유족들의 통곡소리가 귓전을 울렸다. '아아 잊으랴 어찌 우리 그날을', '전우의 시체를 넘고 넘어 앞으로, 앞으로' 등 6·25전쟁 노래도 들렸다. 그것은 눈에 넣어도 아프지 않을 아들을 잃은 어머니와 형제들의 한 맺힌 절규로 느껴졌다.

사실 6·25전쟁은 잊힌 전쟁으로 치부하기에는 너무도 크고 깊은 상처를 남겼다. 증오와 원망의 길에는 두 개의 갈림길이 있다고 한다. 하나는 보복과 복수의 길이요, 다른 하나는 화해와 용서의 길이다.

보복과 복수의 논리는 나름대로 정당성을 가지고 있어 보인다. '눈에는 눈, 이에는 이'의 법언은 오랜 역사를 거치면서 인정되어 왔다. 수많은 동서고금의 문학작품들이 복수와 사랑을 테마로 씌어졌다. 뿌리 깊은 사형제도의 논거도 복수의 논리에 터 잡고 있다. 국가 간의 전쟁도 복수의 다른 형태로 볼 수 있다.

문제는 복수는 또 다른 복수를 부르고 그래서 복수의 악순환이 반복되는 데에 있다. 대표적인 예를 이스라엘과 아랍민족 간의 끝없는 분쟁에서 볼 수 있다. 예루살렘 소재 성 조지 성당의 나임아텍 신부는 팔레스타인 출신으로서 각별한 생각의 소유자다. 그는 1948년 중동전쟁 때 이스라엘군에게 모든 것을 빼앗기고 삶의 터전을 잃었지만, 결코 이스라엘인을 미워하지 않았던 아버지로부터 화해와 용서를 배웠다고 한다. 이어서 "우리가 증오심을 품는 순간 우리는 실로 엄청난 증오의 힘에 압도당하게 되지요. 증오가 우리를 삼켜버리는 겁니다.

이 때문에 우리는 끊임없이 증오와 적개심에 맞서 싸워야 합니다. 용서와 사랑의 계명을 좇는 고행적 삶을 결코 포기해서는 안 됩니다."

또 한 가지 사례는, 미국 버지니아 주 어느 작은 도시에서 지금은 평화롭게 살고 있는 존 플러머 목사의 이야기이다. 그는 1972년 베트남전쟁이 한창일 때 군 헬기 조종사였다. 그는 '트랑방이'라는 마을에 네이팜탄 폭격을 가했다. 이 광경이 한 신문의 기사에 실렸다. 하늘로 솟구치는 검은 연기를 뒤로 하고 발가벗은 몸으로 겁에 질려 소리치며 달려 나오는 베트남 소녀 킴푹의 모습이었다. 참상은 전 세계에 전달되었고 고발의 효과는 컸다. 존 목사는 사건 후 24년간 줄곧 괴로운 삶을 보냈다. 결혼도 실패했고 술에 의존한 하루하루가 힘에 겨웠다. 그러다가 1996년 재향군인의 날에 베트남 참전용사 기념식장에서 존은 극적으로 킴푹을 만나게 된다. 킴푹은 기념연설 말미에서 뜻밖에도 자신은 이제 과거의 고통에서 자유로우며 마을을 폭격한 사람들을 모두 용서한다고 말했다. 그 순간, 존은 자신도 모르게 단상을 향해 뛰어나가 그녀에게 고백했다. 자기가 바로 마을을 폭격한 조종사라고. 두 사람은 잠시 멈춰 서서 숨을 고른 후 짧게 이야기를 나눴다. "미안합니다. 정말 미안합니다!" "괜찮아요. 이미 다 용서했어요!"

　6·25전쟁 당시 국군은 물론, 유엔군의 희생도 컸다. 미군은 장성 이상의 아들만 142명이 알지도 못하는 나라 대한민국을 위해 참전하여 그 중 35명이 전사하거나 큰 부상을 입었다. 아이젠하워 대통령의 아들 존 아이젠하워 육군중령, 유엔군총사령관 클라크 대장의 아들 빌 육군대위, 해병1사단장 해리스 소장의 아들 해리스 해병소령, 미8군사령관 밴플리트 대장의 아들 밴플리트 공군중위 등이 그들이다. 특히 아들을 잃은 슬픔을 억누르며 가장 힘든 시기에 전쟁을 지휘했던 밴플리트 장군은 조국에 대한 의무에 투철했고 한국을 너무나 사랑했다. 우리 국민도 그의 노블레스 오블리주 정신과 탁월한 리더십에 전폭적인 신뢰를 보냈다. 그가 임무를 마치고 귀국하던 날 서울시민의 3분의 1 가량이 광화문에 나와 뜨겁게 그를 환송했다고 한다. 이것은 우리가 곤경에 처했을 때 외면하지 않고 큰 도움을 준 우방에 대한 우리 국민의 진심어린 감사의 표현이었다.

　아직도 끝나지 않은 6·25전쟁, 그 날이 다시 돌아오고 있다. 세계에서 유일한 부산 유엔군묘지에도 해외 참전용사들의 고귀한 영령이 대한민국의 수호신이 되어 6·25를 맞이할 것이다. 자유 수호와 세계평화를 위해 목숨을 바친 이들의 숭고한 희생정신을 다시 기리며 다음과 같이 다짐해 본다. '원망은 물에 흘러 보내고 은혜는 돌에 새겨라.'

〈2009. 6. 19.〉

김구(金九)가 꿈꾼 아름다운 우리나라

백범 김구 선생(1876~1949)이 서거한지 6월로 62주년이 됐다. 다산 정약용 선생이 타계한지 40년이 되는 해에 태어난 김구 선생은 국운이 누란지위에 처했던 구한말 시대를 온몸으로 체험했고 경술국치 후에는 빼앗긴 나라를 되찾는데 평생을 헌신했다.

망국의 한을 품고 시종여일 망명정부를 이끈 선생의 고단했던 삶은 그가 쓴 『백범일지』에 고스란히 기록되어 있다. 원본은 보물 제1245호로 지정되어 있다. 선생은 『백범일지』 서두에서 "나라는 내 나라요, 남의 나라가 아니다. 독립은 내가 하는 것이지 다른 사람이 하는 것이 아니다. 우리 민족 삼천만이 저마다 이 이치를 깨달아 행한다면 우리나라가 독립이 안 될 수 없고 나아가, 좋은 나라 큰 나라로 발전하지 않을 수 없는 것이다. 나 김구가 평생 생각하고 행한 일이 이것이다."라고 고백하고 있다. 민족의 비전과 철학이 담긴 그의 투철한 애국정신의 한 단면을 엿볼 수 있는 대목이다.

특유의 성실함과 겸손한 마음가짐으로 이시영, 이동녕, 엄항섭, 조완구, 차이석, 조성환, 박찬익 동지들과 함께 민족독립의 험한 가시밭길을 개척했다. "나는 내가 못난 줄을 잘 알고 있다. 그러나 아무리 못났더라도 국민의 한 사람이란 사실을 믿으므로 내가 할 수 있는 일을 쉬지 않고 해 온 것이다. 이것이 내 생애요, 이 생애의 기록이 『백범일지』이다."라고 겸허히 자신의 소회를 피력하고 있다.

그는 일찍이 우리 독립정부의 문지기를 자청했고 이는 독립국이 되면 이 나라의 가장 미천한 자가 되어도 좋다는 의미라고 말했다. 백정(白丁)과 범부(凡夫)를 조합해 만든 백범(白凡)이란 호가 말해주듯, 그는 독립을 위한 일이라면 궂은일을 마다하지 않았다. 실제로 당시 내무총장이던 도산 안창호는 그를 임시정부의 문지기 격인 경무국장으로 임명했다. '과분한 자리'라고 극구 사양하는 백범에게 도산은 "만일 계속 거절한다면 청년 차장들의 부하가 되기 싫다는 뜻으로 사람들이 생각할 터", 수락할 것을 종용하여 간신히 그 자리를 맡게 했다고 한다.

가정사에 관해서는 편모 곽낙원 여사를 섬기는데 효성이 극진했다. 노모가 매를 들면 50세가 넘은 외아들 김구는 웃으면서 달게 매를 맞았다고 한다. 곽낙원 여사는 선생을 항상 어린애처럼 취급했지만 항상 순종하고 효성스러운 그의 태도는 성스러운 그 무엇이 있었다고 한다.

김구 선생은 동포들에게 이상과 신념을 포기하지 말 것을 『백범일지』 '나의 소원'에서 명료하게 밝혔다. 선생은 중요한 판단을 내릴 때는, "현실적이냐 비현실적이냐가 문제가 아니라 그것이 정도냐 사도냐가 기준이다"라고 강조하면서, "나는 통일된 조국을 건설하려다가 38선을 베고 쓰러질지언정 일신에 구차한 안일을 취하지 않겠다."고 역설했다. 또한, 선생은 우리나라가 세계에서 가장 아름다운 나라가 되는 것을 소망했다.

그러면 어떠한 나라가 세계에서 가장 아름다운 나라인가? '나의 소원'에서 이르기를, 첫째, 완전한 자주 독립국이 되어야 한다. 둘째, 독재 없는 자유의 나라가 되어야 한다. 셋째, 국민의 의사가 존중받는 진정한 민주주의 나라이어야 한다. 넷째, 높은 문화를 지닌, 화기 넘치는 나라이어야 한다. 다섯째, 평화적 통일을 이룩한 통일국가이어야 한다. 끝으로 세계평화에 기여하는 나라가 되어야 한다고 밝혔다.

김구 선생은 "내가 남의 침략에 가슴이 아팠으니, 내 나라가 남을 침략하는 것을 원치 아니한다."고 단언하고 "진정한 세계평화가 우리나라로 말미암아 세계에 실현되기를 원한다. '홍익인간'이라는 국조 단군의 이상이 이것이라고 믿는다."고 말했다. 우리나라가 부강한 나라가 되어도 남의 것을 빼앗지 않고 어려운 나라를 도와주며 함께 잘 사는 세상이 도래하기를 그는 꿈꾸었다.

김구 선생이 평소 즐겨 읊은 애송시 한 구절이 큰 울림이 되어 귓전을 맴돈다. "눈 덮인 들판을 걸어갈 제, 함부로 어지러이 걷지 말라. 오늘 내가 걸은 발자국이 훗날 뒷사람의 길이 되리니."

〈2011. 7. 1.〉

한국인에게 평화통일은 요원한 길인가

올 봄은 꽃샘잎샘 추위와 함께 남북관계가 어느 때보다 얼어붙은 위기상황이 연출되었다. 북한은 이미 3차 핵실험을 강행했고 유엔안보리의 제재에도 불구하고 핵과 미사일 공격운운하며 위협수위를 고조시켰다. 지금은 잠시 소강상태를 이루고 있지만 한반도는 언제 다시 돌변할지 모르는 동북아의 화약고로 자리 잡았다. 역사적으로도 한반도는 주위 강대국의 전쟁터로 활용(?)되어 온 것이 사실이었다.

물론 지정학적 요인도 작용했지만, 그만큼 한반도는 국제관계에서 갈등과 분쟁의 한가운데에서 전쟁의 참화를 겪어야 했다. 조선조 임진왜란이 그랬고 구한 말 청일전쟁, 러일전쟁이 그랬고 해방 후 6·25전쟁도 마찬가지였다. 앞으로도 한반도의 비핵화가 이루어지지 않고 예측난망의 급변사태가 발생하면 또 다시 한반도는 미증유의 핵전쟁터가 될 가능성이 높다고 하겠다. 생각만 해도 끔찍한 일이 아닐 수 없다.

필자는 한반도에서 전쟁을 예방하고 국가의 지속가능한 성장과 발전을 도모하려면 분단을 극복하고 통일을 달성하는 일을 우선적인 정책 어젠다로 삼아야 한다고 믿고 있다. 이제야말로 우리 국민이 '새로운 한반도'를 위하여 통일을 본격적으로 생각할 때가 되었다고 본다. 가령 부산에서 KTX를 타고 상경한다고 할 때 서울까지 불과 3시간 반 정도밖에 걸리지 않는다. 너무 국토면적이 좁다는 것을 실감하게 된다. 더 이상 북쪽으로 올라갈 수 없는 분단의 현실 앞에 좌절감을 느끼게도 된다.

그간 한국경제는 눈부시게 빠른 속도로 발전해서 세계가 경탄해 마지않고 있음은 주지의 사실이다. 극동의 보잘 것 없는 작은 나라에서 글로벌 코리아로 우뚝 서게 된 것이다. 국토가 분단된 상황에서 이렇게 장족의 발전을 할 수 있었다는 것은 기적에 가까운 일이 아닐 수 없다.

문제는 이제부터다. 고도성장은 한계에 이르렀고 GDP는 2% 안팎으로 주저앉았다. 저성장, 저성과, 저고용, 저신뢰 등 '저' 자가 판을 치는 세상이 되어가고 있다. 제2의 새마을운동에 비견되는 새 정부의 '창조경제' 드라이브에 더하여 분단극복과 통일을 실현하지 않고서는 종전과 같은 성장동력을 결코 기대할 수 없다. 앞으로 분단의 비용과 스트레스는 가중될 것이고 분단상황은 평화와 번영의 걸림돌로 작용할 뿐이다. KTX가 서울을 지나 평양, 신의주 그리고 원산과 나진, 선봉으로 내달릴 수 있어야 한국의 재도약이 가능하다. 분단 70년이 다가오고 있지만 통일의 길은 여전히 요원하고 암울하게 느껴진다. 언제까지 지구상의 마지막 분단국으로 남아있어야 하는지 안타깝기 그지없다.

그럼에도 불구하고 우리는 통일을 향한 희망의 끈을 놓을 수는 없다. 먼저 우리 자신부터 되돌아보아야 한다. 과연 우리 국민에게 통일 의지가 있느냐 하는 근본적인 질문이다. 통일은 본시 다른 나라가 알아서 해주는 것이 아니라 스스로 해결해야 하는 민족자결의 문제이다. 이점에서 우리는 부끄러운 현실을 발견하게 된다. 특히 젊은이들이나 대기업 경영자들에게 통일에 관한 소견을 물으면 시큰둥한 표정을 지으며 "굳이 통일을 할 필요가 있습니까? 이대로가 좋습니다."라는 대답을 종종 들을 수 있다. 통일에 대한 국민 내부의 공감대가 형성되지 않은 상태에서 아무리 좋은 통일정책을 가지고 통일외교를 펴본들 소기의 성과를 내기가 어렵다. 일제 강점기 요원의 불길처럼 전국을 뒤덮은 태극기의 물결도 국민의 하나 된 삼일정신이 없었다면 불가능한 일이었을 것이다.

통일을 바라보는 공통된 시각, 우리 내부의 공감대를 넓히는 일이 시급한 과제다. 미국, 중국, 러시아, 일본 등 한반도를 위요한 주요 국가들이 한국인의 통일염원과 의지를 의심한다면 한반도의, 한민족의 통일을 지지 내지 성원할 리 만무다. 더욱이 우리 헌법 제4조에 명시된 자유민주적 평화통일을 주도적으로 이루어내기 위해서는 더 말할 나위가 없을 것이다.

바야흐로 '통일된 녹색 복지국가' 달성이 막중한 시대정신임을 깨달아야 한다. 그리고 세계평화와 인류공영을 위하여 한국인의 위대한 저력을 만천하에 보여주어야 한다.

〈2013. 6. 28.〉

진정한 국민 행복시대를 열자

　행복의 절반은 가정행복에서 비롯된다고 하면 과언일까. 아무리 혼자 행복하려고 해도 가족이 함께 겪는 불행을 외면하고 '나홀로' 행복을 누리기란 쉽지 않은 일이다. 대형인재가 많았던 지난해를 돌아보며 국민행복시대의 진정한 의미가 무엇인지 성찰하게 된다. 국민행복은 현 정부가 지난 대선 때 내세웠던 대표적인 정책슬로건 중 하나였다.

　국민행복추진위원회를 만들고 보편적 복지정책과 경제민주화의 청사진을 제시했다. 당시 야당을 능가하는 진보적 어젠다를 선점하여 선거전을 승리로 이끌었다.

　이제 집권 3년차를 맞는 집권세력은 과연 국민행복시대를 제대로 구현하고 있는지 점검할 시점이 되었다고 본다.

　국가발전보다 국민행복이란 용어를 선택한 정책적 시사점은 매우 컸다. 국가의 한 요소인 국민의 행복과 안전을 우선시하겠다는 발상의 전환은 산업화와 민주화를 넘어 대한민국의 새로운 이정표를 제시한 것으로 국민의 지지를 얻었고 결국 선거에서 승리했다. 그때의 공약이 적잖이 퇴색하긴 했지만 국가비전으로 일관성 있게 추진되기를 바란다.

다만, 경직된 공사개념과 부국강병을 지나치게 강조하는 경향은 국민행복의 취지와 어긋날 수 있음을 유의해야 한다. 개인의 이익은 사익이라는 점에서 이의가 없지만, 가정의 이익과 행복은 사익인지 공익인지 따져볼 필요가 있다.

기존의 인식은 개인과 가정사는 모두 사익의 범주에 넣고 정책적 배려에서 후순위로 간주했다. 그런데 가정의 행복이 개인 행복의 토대요 국민행복의 근간이라면 이제는 가정 행복과 관련된 사안은 공익의 관점에서 검토되어야 마땅하다. 지난 정부시절 수도이전과 공공기관 이전 계획을 수립할 때 공무원이 가정문제가 얼마나 고려되었는지 반성해 볼 일이다.

지난해 10월 행정중심복합도시 건설청이 국회에 제출한 자료에 따르면, 지방으로 이전한 정부부처와 공공기관 직원의 거의 절반이 가족을 남겨두고 '나홀로' 이주한 기러기 가족으로 나타났다. 2012년 12월부터 2014년 7월까지 해당 인원 1만6306명 중 7912명(48.5%)이 기러기 가족이라는 것이다. 공공기관 직원이 특히 면 지방으로 혼자 이주한 비율은 65.0%로, 비교적 좋은 조건인 세종시로 전근한 정부부처 공무원 33.7%에 비해 갑절이나 많았다. 경북 김천시로 이전한 조달

품질원과 대한법률구조공단의 경우, '나홀로' 이주비율은 각각 98.4%, 91.4%나 됐다. 안타까운 것은 이주한 공공기관 직원 중 '앞으로 혁신도시에서 가족과 함께 살겠다.'고 응답한 비율이 7.0%에 그치고 있다는 사실이다. 차후엔 중요한 국가 정책일수록 국민행복에 영향을 미치는 모든 변수를 찾아내 국민의 삶의 질을 고양시키는 방향으로 정책이 집행되기를 기대한다.

경제혁신3개년계획도 같은 맥락에서 국민행복 지향적으로 추진되어야 옳다. 과거 경제개발5개년계획의 전철을 거울삼아 경제발전 일변도로 올인하는 우를 범하지 말아야 할 것이다. 단순히 GDP규모나 외환보유고를 높이려는 노력만으로는 부족하다. 환경, 보건, 교육, 노동, 안전 등 국민행복 요소를 반영한 맞춤형 경제발전전략으로 나아가야 한다. 사회양극화를 개선하고 국부가 국민에게 균점되는 국민행복 단계로 발전해야 한다.

한편, 우리는 돈이 많다고 해서 행복이 비례적으로 수반되는 것이 아님을 경험적으로 알고 있다. 1970년 노벨경제학상을 수상한 폴 사뮤엘슨 교수는 행복지수(행복지수=소비/욕망) 공식을 만들었는데, 얼핏 보면 소비가 증가함에 따라 행복지수도 올라가는 모양새다. 그러나 무한한 소비행위의 끝은 공허일 뿐이다. '바다는 메워도 사람 욕심은 못 채운다'고 하지 않는가. 욕망의 절제 없이는 행복은 무망한 꿈에 불과한 것이다.

벤자민 플랭클린은 절제를 인생 최고의 덕목으로 삼았다. 절제와 현명한 소비는 가정경제의 주춧돌이다. 지금처럼 소비를 진작시켜 경기를 부양하려는 정책당국의 입장과는 다소 거리가 존재함을 부인할 수 없다. 국민행복시대에 국가와 국민이 함께 풀어가야 할 숙제라고 하겠다.

〈2015. 1. 16.〉

중도평화, 갈등치유와 상생의 길

또 하나의 시흥지역 환경이슈가 사회갈등으로 비화되었다. 시화공단에 위치한 아세아페이퍼텍기업이 경기도 공단환경사업소의 허가를 얻어 설치하고자하는 고형화연료(SRF)사용시설 문제가 원인이다. 이것이 가동되면 인근 배후단지의 환경악화를 초래할 것이라는 지역주민들의 우려가 주민행동으로 표출된 것이다. 지난 2월 9일 지역주민과 몇 몇 시도의원 등 30여 명이 당해 회사를 항의 방문하였고 회사 측은 이들의 출입을 저지했다. 양측 간에 대화를 통한 문제해결 의지는 찾아보기 어려웠다고 한다.

건강한 협상문화를 창조하자

'사회는 갈등을 만들고 갈등은 사회를 만든다'는 말이 있다. 사회적 관계에서 갈등은 불가피하며 오히려 이를 통해 사회는 새로운 모습으로 발전한다는 의미가 담겨있다. 건설적 갈등이란 이런 경우를 두고 하는 말일 것이다. 정치학자 립셋(S. Lipset)은 민주주의 발전을 위해 갈등은 합의와 동등하게 필수적인 요소로 고려되어야 한다고 했다. 그는 갈등을 통합이나 상생의 대립개념으로 보지 않았고, 따라서 갈등을 조정하고 관리할 수 있는 역량을 어떻게 갖추느냐에 관심을 두었다. 선진국이라 해서 우리보다 갈등사례가 적은 것은 아니다.

다만 그들에게는 갈등을 치유하기 위한 체계적이고 규범적인 문화와 행동양식이 존재한다는 점이 다르다. 예컨대, 미국의 각 급 학교엔 갈등조정 교육 및 상담프로그램이 활성화되어 있다. 또한, 예방협상 차원의 전문적 갈등조정 훈련프로그램이 상설화되어 있다. 이러한 프로그램과 더불어 오래된 민주주의 생활방식은 '기브 앤 테이크(give and take)'와 윈윈(win-win) 사고를 기반으로 하는 협상문화 정착에 크게 기여하고 있다.

협상(negotiation)은 상호간에 갈등을 좁혀 공통이익에 접근하며 문제를 해결하는 과정이다. 따라서 분쟁이나 전쟁을 방지하고 타협을 이끌어 내 평화를 공유하는 전제하에 피차간 상호양보를 감수하지 않으면 안 된다. 요점은 어느 정도 양보를 해야 할 것인가에 모아진다. 이런 면에서 협상의 자세와 기술은 중요하다. 양 극단에 치우치지 않고 중도적 입장에서 쟁점들을 우선순위에 따라 판단하는 혜안이 필요하다. 중간에 서야 좌우가 보이고 나무와 함께 숲이 눈에 들어온다. 중도의 지혜를 지적한 선현들의 경구는 수없이 많다.

구약성서 신명기에는 '좌로나 우로나 치우치지 말고 행하라'는 구절이 나오며 철학자 아리스토텔레스는 너무 많은 것과 너무 적은 것의 중간인 중도(mesotes)를 생활의 금도로 삼았다. 불교의 핵심교리는 중도사상이다. 유가철학도 과유불급(過猶不及)과 중용지덕을 강조하고 있다. 논어의 화이부동(和而不同)이나 중용의 화이불류(和而不流)도 같은 맥락이라고 하겠다.

근자 우리사회는 '슈퍼 갑질'이라는 신조어가 유행할 정도로 불공정한 거래가 관행처럼 일상화되어 있다. 물론 건강한 협상문화의 부재에서 비롯된 현상이다.

오랜 유교문화권 속에서 불의와의 타협을 배격했던 선비사상의 영향은 협상문화의 발전에 걸림돌로 작용했다. 여차하면 야합 또는 사꾸라로 매도하기 일쑤였고, 이상적 명분론이 현실적 타협이나 상생논리를 압도하곤 했다. 그래서 대화와 소통은 뒷전으로 밀려나고 그 자리에 강경일변도의 실력대결이 난무했다.

홍익인간, 협상문화의 바탕으로 삼자

이제는 건강한 협상문화의 창조를 위해 다함께 힘써야 할 때다. 고유사상인 홍익인간(弘益人間)의 이념을 새롭게 조명하여 사회관계의 질을 한층 고양시켜야 한다.

사람은 한자의 인(人)처럼 서로 의지하며 살아가는 사회적 존재이다. 공동체의 일원으로 공존할 수밖에 없는 숙명을 타고 났다. 이는 고립된 개체를 절대화한 서구의 근대정신과는 사뭇 대조된다. 널리 이롭게 한다는 홍익사상은 좌와 우의 극단을 지양하고 중도의 입장에서 '최대 다수의 최대 행복'을 추구한다. 자기와 타인의 존재가 유리되지 않고 고정된 실체로 고립되지 않는다.

이런 맥락에서 사회적 갈등은 물론이고 분단 조국의 숙원인 한민족의, 한반도의 평화적 통일방략도 홍익인간의 이념 아래 재구성되어야 한다고 믿는다. '한국인에게 평화통일은 요원한 길인가'라는 물음에 이제 자신 있게 '아니오'라고 대답하기 위해서는 '중도평화. 갈등 치유와 상생의 길'의 취지가 갈등해결의 장에서 구체적으로 실천되어야 할 것이다.

〈2015. 2. 27.〉

왜 현명한 결정을 하기 어려운가

의사결정을 어떻게 하면 잘 할 수 있을까. 모임이나 조직체에서 공통적으로 직면하게 되는 중요한 화두이다. 좋은 의사결정을 하기 위해 많은 논의를 하고 중지를 모으지만 결과가 기대보다 신통치 않은 경우가 허다하다. 중요한 안건의 결정은 결과에 따라 조직의 생존을 좌우하는 분수령이 되기도 한다.

현명한 결정을 저해하는 요소

우리는 왜 현명한 결정을 내리는 데 실패하기 쉬울까. 경륜과 지식이 풍부한 조직의 리더도 결코 예외는 아니다. 로마의 영웅 시저는 자신에 대한 살해음모 보고를 여러 차례 받았지만 번번이 묵살하다가 참변을 당했다. 미국의 조지 W 부시 대통령도 이라크에 대량살상무기가 존재한다는 첩보를 잘못 믿고 전쟁을 감행했다. 이러한 결정의 결과는 엄청난 후유증을 남겼다.

　의사결정과 리더십의 권위자인 베니스(W. Bennis)는 대학총장 시절 자신의 리더십을 유효 적절히 발휘했던 인물로 유명하다. 그는 자신의 경험을 바탕으로 현명한 결정을 저해하는 요소로 세 가지를 들었다. 사회적 여과(social filters)와 맥락적 여과(contextual filters) 그리고 직무 몰입 실패(self-knowledge of commitment)가 그것이다.

　사회적 여과란 의사결정자가 특정정보에 대하여 들을 수 없거나 듣기를 원치 않기 때문에 사회관계에서 이를 배제하는 행위를 말한다. 베니스는 이를 의도적 눈감음(wilful blindness)이라고 했다. 소기의 목적에 부합하는 정보만을 선택적으로 받아들임으로써 관계형성의 왜곡을 초래하기 쉽다.

　맥락적 여과는 의사결정자가 수립한 정책목표에 방해가 되는 업무 관행이나 고유문화를 무시하거나 간과하는 행동이다. 하지만 인간행동의 동기와 소프트웨어적 의식행태를 고려하지 않고 제도와 규정 등 하드웨어적 변화만을 추구하는 개혁은 성공하기 어렵다.

　직무 몰입실패는 자신이 진정 해야 할 일을 깨닫지 못하고 리더의 역할을 수행할 때 나타난다. 리더가 되기를 원했지만 리더로서의 과업을 수행하기를 진정으로 원하지 않는 자신을 알아차리기란 쉽지 않은 일이다. 덧붙여 리더의 도덕성 함양을 위해 공공적 여과(public filters)의 활용은 매우 유용한 수단이 될 것이다.

공익성과 공정성에 터 잡은 공공적 여과는 마을공동체 조직의 경우 더욱 요구되는 개념이다. 언제 어디서나 머리를 쳐드는 사심이란 치한이 발을 붙이지 못하도록 공공심의 배양은 아무리 강조해도 지나치지 않는다. 공공적 여과는 조직의 의사결정과정에서 흔히 나타나는 집단사고(group think)나 브레인스토밍(brainstorming)의 함정을 극복하는 데 기여할 수 있다.

집단사고와 브레인스토밍의 함정

응집력이 강한 집단의 구성원들은 어떤 결정을 내릴 때 만장일치를 이루고자 하는 사고경향에 빠지기 쉽다. 이러한 집단사고는 집단지성과 대비되는 부정적 개념으로 쓰인다. 구성원 간 단결심이 지나치면 오히려 독립된 개체로서의 비판적 사고는 위축되고 의견들이 획일적으로 수렴되는 현상이 발생한다. 따라서 조직은 대외적으로 자기중심적이고 편파적인 결정을 내릴 개연성이 있다. 집단사고에 갇히게 되면 소수의견은 힘을 잃고 다수에 압도되거나 잠재적 반대세력으로 남게 된다.

브레인스토밍은 자유롭게 의견을 개진할 수 있어 아이디어 발굴에 도움을 주지만, 주제에 대한 사전 준비가 부족하면 원래 의도와는 달리 노이즈마케팅으로 전락하기 쉽다. 목소리 큰 사람이 분위기를 주도하게 되고 참여자들은 의견대립을 감수하면서 발언을 하려고 하지 않는다. 따라서 브레인스토밍의 결과가 낮은 의사결정의 질로 나타나기 일쑤다.

건강한 마을공동체를 이루고 집단사고와 브레인스토밍의 역기능을 최소화하기 위해서 공공적 여과의 실천은 중요한 의미를 갖는다. 공공성에 입각한 의사결정의 합리화, 민주화는 주민참여와 화합을 끌어올리는 데 필수불가결의 요소가 아닐 수 없다.

〈2016. 5. 13.〉

리더십의 위기, 공공성 회복이 관건

이른바 '최순실 게이트'가 대한민국을 강타하고 있다. 국난에 버금가는 국정혼란이 지속되는 가운데 국민들은 걱정을 넘어 공분을 삼키고 있는 상황이다. 애국심, 원칙과 신뢰, 비정상의 정상화 등 공공적 가치(public value)를 각별히 강조했던 박근혜 대통령이 이 게이트에 연루되어 그 충격파는 상상을 넘었다. 책임 있는 공인이 아닌 비선실세들이 호가호위하며 국정을 농단할 때 관계당국은 무엇을 하고 있었는지 궁금할 따름이다. 전혀 모르고 있었을 리는 만무하고, 혹여 이를 대수롭지 않게 여기고 묵인 내지 방조를 했거나 또는 비조불입의 철통보안을 믿고 '설마가 사람 죽인다'는 속설을 망각한 것은 아닐까 유추해 본다.

썩은 환부 도려내고 새살 돋우어야

역사를 돌이켜 보아도, 비선조직은 정치적 목적에 따라 한시적으로

운용될 수는 있지만, 본래의 취지를 일탈하여 위장된 공익의 이름으로 사익이 추구될 때는 단연 그 폐해가 '공공의 적'을 능가했다. 또 공정한 룰과 공직의 기강이 와해되는 가운데 비리 전모가 드러나게 되면 국정이 마비되는 사태로 전락하기 일쑤였다.

이번 사건도 믿었던 도끼에 발등 찍힌 것처럼 대통령에 대한 국민의 신뢰와 기대는 곤두박질치고 있다. 북핵 위기 등 외환에 더하여 내우의 심화가 향후 어떤 후폭풍을 몰고 올지 가늠하기 힘들 정도다.

만시지탄이지만, 난국의 타개를 위해 냉철히 국민적 지혜를 모으는 일이 급선무다. 무엇보다 공공성 회복을 위하여 문제의 썩은 환부를 도려내고 새살을 돋우는 일대 국정쇄신이 단행되어야 한다. 공직사회부터 공사구분을 엄격히 하고, 공공마인드에 투철한 공직자의 복무자세가 확립되어야 한다. 대통령도 책임소재에 있어서 응분의 책임이 있다면 결코 예외가 될 수 없다.

사마천 사기에 나오는 다음의 이야기는 현 시국과 관련하여 우리에게 적지 않은 시사점을 던져주고 있다. 중국 진시황 말기의 '몽염 형제' 이야기이다. 출중한 무인 집안에서 태어난 몽염과 그의 아우 몽의는 어려서부터 법률을 배워 법 논리에 능통했다. 몽염은 진시황의 명을 받아 북방의 융적을 물리치고 만리장성 축성의 임무를 맡게 된다. 20여 년간의 공사를 진두지휘한 몽염의 충성은 진시황을 감복시켰다. 몽염의 승승장구는 당연한 듯 보였다. 진시황도 나중에 죽음이 임박해서 "군대는 몽염에게 맡기라."는 유서까지 남긴다.

그런데 그 유서는 엉뚱하게 정적인 환관 조고의 손에 들어갔고 상황은 예기치 않은 방향으로 전개된다. 기회를 잡은 조고는 몽염 형제를 제거하기로 마음먹고 이를 실행에 옮기는 역전 드라마를 펼친다. 관건은 그럴듯한 사단과 명분으로 올가미를 씌우고 죄를 엮는 일이다.

먼저 몽염을 잡기 위해 조고는 진시황의 유서를 변조하고 신하로서 충성을 다하지 못한 죄가 크니 스스로 자진하라는 유서내용을 일러준다. 물론 몽염은 이에 불복하고 억울함을 호소했지만 도로무익. 조고는 몽의에 대해서도 그의 허물과 비리를 찾아내 진시황의 아들 호해에게 처벌을 주청하였고 결국 두 형제는 함께 탄핵되어 종말을 맞게 된다.

지도자는 겸손하며 두루 주변 아울러야

기실 몽염 형제는 위세가 등등할 때 주변 사람들을 두루 배려하지 않았고 사방에 잠재적인 불만 세력을 키워온 터였다. 비록 황제의 신임이 두텁고 능력이 탁월했음에도 불구하고 몽염 형제는 곤경에 처했을 때 누구의 도움도 받지 못했다. 몽염은 죽기 전에 감옥에서 이렇게 탄식했다.

"내가 하늘에 무슨 죄를 지었기에 잘못도 없이 죽어야 한단 말인가? 이는 필시 만리장성을 쌓을 때 지맥을 끊은 업보가 분명하구나!" 정작 대수롭지 않게 생각했던 사람이나 사건이 훗날 자신의 출세가도에 걸림돌로 돌변하는 사례가 다반사인 것이 세상사이다. 비록 내편이 아니더라도 공평하게 대하며 공덕심을 갖고 두루 주변을 살펴야 하는 법이다.

〈2016. 11. 4.〉

잘못 뽑은 대통령, 어찌할 것인가

일이 잘못되어도 책임지는 공직자가 없고, 자리가 생겨도 서로 양보하는 공무원이 없다. 정부에 대한 국민의 신뢰가 저조한 것은 어찌 보면 당연한 일이다. 지난 대선 때 국민 절반 이상의 지지를 얻은 박근혜 대통령 정부가 부패·무능정권으로 전락하여 풍전등화의 위기를 맞고 있다. '희망의 새 시대'란 장밋빛 구호를 내걸고 최고 권좌에 오를 때만 해도 오늘의 이 어처구니없는 사태를 예견하지 못했을 것이다. 권력무상이라고 했던가.

자고로 권력은 물 위에 뜬 배와 같아서, 배에 고장이 생기거나 암초에 부딪히거나 혹은 거친 풍랑을 만나기라도 하면 졸지에 표류 또는 침몰의 위기를 맞는다. 세월호처럼 서서히 그리고 확실하게 침몰할 수도 있다. 나라의 지도자를 잘못 선택한 결과가 이렇게도 뼈아픈 일이 될 줄이야. 요원의 들불처럼 타오르는 국민의 분노와 함성은 기대를 저버린 실망감이라기보다는 지도자를 잘못 뽑은 자책의 절규가 아닌가 싶다.

조직의 종류를 불문하고 지도자는 아무나 대충 뽑는 것이 아니다. 동시에 지도자가 되려는 사람도 아무나 쉽게 나서는 것이 아니다. 당선 후 일을 잘못하면 역사와 조직에 죄를 짓는 일이 되기 때문이다.

따라서 입후보자는 먼저 가슴에 손을 얹고 자신이 과연 직무를 감당할 능력이 있는지. 사심 없이 공익을 위해 헌신할 준비가 되어 있는지를 엄중히 자문하고 자기검증을 해야 하는 것이다.

국정농단 대국민 사과발언에서 박근혜 대통령은 "이런 꼴을 보려고 대통령이 되었나 싶어 후회스럽다"는 뜻을 피력했다. 스스로 대통령감이 아님을 자인한 셈이다. 기실 자기 머리 사이즈보다 큰 감투는 고개를 젖히거나 숙이면 금방 땅에 떨어지기 마련이다. 대통령 자리라는 게 눈부신 영광과 축복이 지속될 것 같지만 권력은 양날의 칼과 같은 것. 세력 강화와 유지를 위해 불면의 밤을 지새우는 날이 하루 이틀이 아닐 것이다.

이런 관점에서 지도자에게 요청되는 지식으로 조직의 속성인 권력에 대한 올바른 이해를 강조하고 싶다. 권력은 조직을 경영하고 사업을 추진하는 데 불가결한 요소이지만 적절히 행사되지 않으면 큰 탈이 날 수 있다. 특히 정치권력의 경우는 권력의지가 넘쳐 제어하기 힘든 오만과 교만에 빠져들기 쉽다. 자칫 무소불위의 전횡과 횡포를 자행하여 이카루스의 추락처럼 비참한 종말을 맞이할 수 있다.

공익의 사유화를 획책한 '최순실 게이트'에서 우리는 교훈찾기를 통해 반면교사를 만나야 한다. 민주법치국가에서 요구되는 지도자의 자질로써 공직자의 공공정신(public spirit)을 거론하는 것은 교훈찾기(text mining)의 덕분이다. 공사를 구분하지 못하고 사리사욕에 눈이 멀어 부정을 일삼은 권력 적폐에 대한 국민의 단호한 응징을 목도하고 있다. 주말마다 이어지는 광화문 촛불집회가 그것이다.

지도자의 부재와 인물난에 허덕이는 우리나라로서 자질을 갖춘 인재의 발굴과 양성은 시급한 현안이다. 시국이 갈수록 혼란스럽고 수습이 지지부진한 이유도 존경 받는 지도자의 부재와 관련이 있다고 볼 수 있다.

근자 국정문란의 제도적 원인이 제왕적 대통령제의 폐단에 있으므로 헌법개정이 필요하다는 주장이 힘을 얻고 있는 것 같다. 일견 수긍이 가는 주장이지만 보다 근본적인 해법으로는 미흡하다. 법과 제도를 운영하는 지도자의 리더십역량과 그런 지도자를 선택할 줄 아는 국민의 의식수준을 높이는 일이 더욱 중요하다고 본다.

끝으로, 현재의 지도자들과 미래의 지도자들에게 정중히 권하고 싶은 말은 옛 선현인 공자, 노자, 한비자가 군주의 통치덕목으로 제시한 무위지치의 사상, 즉 '훌륭한 군주는 아무것도 하지 않음으로써 천하를 다스린다'는 경구를 깊이 음미하고 새겨보라고 조언하고 싶다.

〈2016. 12. 2.〉

고전에서 배우는 리더의 인성역량

곧 맞이할 2017년은 대한민국의 새 대통령을 뽑는 선거의 해이기도 하다. 벌써 새 리더의 후보로 나설 인물만 해도 얼추 열 손가락을 넘어 선 것 같다. 옛날 중국 춘추전국시대나 초한시대에 중원의 패권을 놓고 자웅을 겨뤘던 뭇 영웅호걸들의 각축전이 떠오른다. 다만 그때와 다른 점이 있다면 국민이 나라의 주인이 되어 직접 리더를 선출하는 민주적 선거제도를 가지고 있다는 점일 것이다. 그럼에도 문제는 진정한 후보의 선별이 결코 쉽지 않다는 데에 있다. 표정과 말소리에 분칠을 하고 다정한 미소로 유권자에 접근하기라도 하면 인물검증은커녕, 귀중한 표심을 바람결에 날려 보내기 십상이다. 사실 그들의 감언이설과 득표기술은 상상을 초월하는 경지에 도달해 있다.

리더의 공사분별, 국가 흥망까지 좌우

이미 우리는 지난 대선 때 부실검증의 실수를 범해 현재 혹독한 대가를 치르고 있지 않은가. 이제부터라도 그런 시행착오를 다시금 겪어서는 안 될 일이다. 대체로 선출직 공직자의 후보검증에는 후보의 인성역량과 정책사항이 대상이 되는데 이글에서는 인성역량 중 공사분별과 인재의 기용 및 소통에 대하여 논급하고자 한다.

먼저, 사마천은 동양 고전인 '사기'에서 권력을 가진 지도층이 지녀야 할 가치로 공사분별을 강조하고 있다. 그는 공사의 구분을 망각하고 사리사욕에 몰두하는 공직자의 행태야말로 부정부패와 망국으로 가는 길이라고 역설했다.

문경지교(刎頸之交)의 주인공인 염파와 인상여의 이야기는 유명하다. '목숨을 내놓아도 아깝지 않을 우정'이란 뜻의 고사성어가 자못 의미심장하게 느껴진다. 내용인즉, 위기에 처한 조나라는 혜성처럼 나타난 인상여의 외교활동에 힘입어 이웃 진나라의 무력공격을 막아내고 안정을 되찾는다. 인상여는 그 공으로 초고속 승진을 하게 되는데, 호사다마라고 무장 염파의 시기질투와 미움을 사게 되어 일시 곤경에 빠진다. 인상여는 초반의 회피적 행동을 그만두고 공사분별의 대의에 입각해 단호히 대처하기로 방침을 바꾼다. "우리 조나라의 운명이 지금 백척간두에 놓여 있는데 염파와 내가 계속 싸운다면 나라가 어찌 되겠는가?" 하며 "나라의 급한 일이 먼저이고 사사로운 원한은 나중이다."라고 천명한다. 이를 전해들은 염파는 자신의 용렬했던 처사를 부끄럽게 여기고 인상여를 찾아가 사죄하고 화해하기에 이른다. 선공후사(先公後私)라는 사자성어는 이렇게 생겨났다.

다음은 인재의 기용과 소통이 리더의 핵심 인성역량이라는 주장이다. 리더가 어떤 사람인지 알고 싶으면 그 리더가 기용하여 쓰고 있는 사람의 면면을 보면 알 수 있다고 사마천은 말했다. 또 그들 상호간에 소통이 원활하게 이루어져야 한다고 했다. 사마천은 사기 본기에서 초한전쟁의 승리자인 유방의 삼불여(三不如)고사를 소개한다. '나는 세 사람만 못하다'는 뜻의 이 고사 내용은 다음과 같다. 유방이 황제에 즉위한 후 어느 연회석상에서 유방은 허심탄회하게 대신들에게 물었다. "내가 천하를 얻은 까닭과 항우가 천하를 잃은 까닭은 무엇이라 생각하오?" 여러 대신들의 대답을 들은 후 유방은 다음과 같이 자신의 견해를 밝힌다.

소통능력이 인성역량의 핵심이다

"그대들은 하나만 알고 둘은 모르고 있소. 작전계획을 잘 짜서 승부를 결정짓는 일이라면 나는 장량을 따르지 못하오. 그리고 경제를 안정시키고 양식을 공급하는 일이라면 나는 소하를 따르지 못하오. 그리고 백만 대군을 모아 싸워서 승리하는 일이라면 나는 결코 한신을 능가할 수가 없소. 세 사람은 모두 걸출한 인재로서 내가 이들을 기용하고 이들과 소통을 잘 하였기 때문에 천하를 얻을 수 있었던 것이오. 반면 항우는 범증이 있었음에도 불구하고 인재를 제대로 쓰지 못해 결국 대사를 그르치고 만 것이오."

오늘날의 국가에 있어서도 '인사가 만사'라는 말이 있듯이, 인재의 등용과 소통능력은 여전히 중요한 의미를 갖는다. 국가적 혼란과 리더십 위기를 겪고 있는 현 시국에서 곰곰이 생각해 보아야 할 과제가 아닐 수 없다.

〈2016. 12. 30.〉

북한이탈주민 지원정책을 돌아본다

국내 북한이탈주민이 3만 명을 넘어섰다고 한다. 우리 주변에서 북한이탈주민을 만나는 일은 그리 어렵지 않은 일이 되었다. 탈북주민, 북한이주민, 새터민 등 여러 가지 용어로 불리고 있지만 법이 규정한 '북한이탈주민'으로 호칭하는 것이 무난하다고 본다. 관련법에 따르면, 북한이탈주민은 북한에 주소, 직계가족, 배우자, 직장 등을 두고 있는 자로서 북한을 이탈한 후 외국의 국적을 아직 취득하지 아니한 자를 말한다. 따라서 북한이탈주민의 범주는 한국으로 들어온 이주민은 물론 국외에 체류하고 있는 이주민까지 포함한다고 볼 수 있다.

북한이탈주민의 국내 입국현황을 보면, 2000년 이후 지속적으로 증가하다가 2012년부터 감소 추세를 나타내고 있다. 이것은 김정은 정권이 들어서면서 북한과 중국의 국경지역 경비가 강화된 탓으로 보인다. 특이한 것은 전체 입국자 중에서 여성의 비율이 70%를 차지하고 있어 여성들이 남성보다 탈북 의욕이 강함을 보여주고 있다.

북한이탈주민의 지역별 거주 실태를 보면 이들의 약 70% 정도가 경기, 서울, 인천 지역인 수도권에 몰려 있다. 이는 북한에서 평양지역 거주가 특권층만 누리는 혜택으로 인식되어 한국에서도 서울을 중심으로 한 수도권에 살고 싶은 욕구가 강한 것으로 분석되고 있다.

아닌 게 아니라, 취업과 창업 등 일자리 구하기가 상대적으로 용이하고 국민주택, 영구임대주택 우선배정에 있어서도 수도권이 유리한 것이 사실이다.

북한이탈주민 출신지역을 보면, 함경북도 출신이 가장 높은 비율인 65%수준을 차지하고 있다. 그 뒤를 양강도, 함경남도가 잇고 있다. 이 곳들은 중국과 국경을 맞대고 있는 지역으로 북한이탈주민이 탈출하기 수월한 지점에 위치하고 있다.

북한이탈주민이 입국하면 초기지원단계, 보호지원단계, 거주지보호단계를 거쳐 우리 사회에 정착한다. 그들이 정착하는 과정에 개입하는 기관이나 단체의 숫자는 많다. 입국 초기에는 국정원, 경찰청 등의 합동조사를 받는다.

보호지원 여부가 결정이 나면 통일부 산하 하나원에서 보호 및 정착을 위한 다양한 프로그램을 접하게 된다. 이 과정에서 폴리텍 대학 등 직업교육도 받을 수 있다. 학생들은 교육부와 대학의 협조를 얻어 학업을 이어가기도 한다.

거주지보호단계에서는 우선 거주지를 배정 받는다. 그러면 하나센터, 북한이탈주민후원회를 비롯한 많은 민간단체들이 그들의 사회적응과정을 지원하고 지자체, 지역복지관, 고용지원기관도 각기 필요한 지원책을 수립하여 실행한다. 거주지보호단계는 주로 이탈주민의 사회적응과 성공적 정착에 역점을 두고 있는데, 지자체와 시민사회의 역할은 미미한 편이다.

한편, 북한이탈주민들은 우리 사회에 얼마나 만족스럽게 적응하고 있는가. 안타깝게도 다수의 북한이탈주민들이 한국사회에 제대로 적응하지 못하고 있다는 것이 대체적인 평가이다. 사회적 편견과 멸시에 힘겨워하는 북한이탈주민들이 대다수이다. 또 한국 경제의 저성장이 지속되면서 이들에 대한 지원을 역차별의 근거로 내세우기도 한다.

이탈주민의 규모와 수용과정을 놓고 볼 때, 같은 분단국이었던 서독정부의 사례는 우리에게 적지 않은 시사점을 던져 준다. 분단기간 동안 밀려든 동독이탈주민들에 대한 수용과 지원은 시급한 국가적 과제였다.

기간 중 무려 5백만 명의 동독이탈주민이 넘어왔다. 대규모의 이주민들에게 필요한 숙박, 부양, 자립기반을 마련하는 일들은 결코 쉽지 않았을 것이다. 하지만 서독정부는 특별한 문제없이 이를 해결해 냈다. 서독정부는 이들의 수용과 정착을 국민통합과 통일의 시험대로 삼았다. 같은 동포로서 서독국민으로 간주했고 법적으로 차별하지 않았다. 경제적으로도 이주로 인해 상실한 재산을 보상해 주는 부담조정 원칙을 적용했다. 또 취업 등 경제적 자립을 돕기 위해 정책적 지원을 아끼지 않았다.

　정부 외에도 시민사회는 통합정책의 중요 행위자로서 한 축을 담당
했다. 카리타스, 디아코니 등 6개 사회복지단의 활약은 대단했다. 각
각 전국적 조직을 갖추고 정부의 동독이탈주민 지원정책 결정과 집행
과정에도 참여했다. 이탈주민문제를 국가와 정부의 책임에 맡겨두지
않고 보충적으로 시민사회가 일정한 역할을 분담했던 거버넌스 구조
는 눈여겨 볼만하다고 하겠다.

〈2018. 3. 16.〉

제9부

생활공감과
건강가정 실천

'전원교향악'을 통해 본 행복메시지

- 사랑(love)과 도리(duty)의 조화로움 -

"정말로 이 세상은 새들이 노래하는 것처럼 아름다운가요? 사람들은 그 이야기를 왜 더 해주지 않는가요?" 앞 못 보는 소녀 제르트뤼드는 자신을 돌보아 주는 목사에게 간절히 묻는다. 목사는 위로하듯 대답한다. "눈이 성한 사람들은 새들의 노래를 잘 듣지 못한단다." 제르트뤼드는 목사의 손을 잡고 야외로 나가 오묘한 전원의 교향악을 들으며 무한한 행복감에 젖는다. 그녀의 영혼에 은혜의 빛이 깃든다. 앙드레 지드의 소설 '전원교향악'은 소녀 제르트뤼드의 애틋한 삶에 관한 이야기이다.

태어날 때부터 줄곧 시청각기능이 마비되어 한낱 몸 덩어리에 불과했던 그녀가 마침내 귀가 열리고, 말문이 트이고, 인간의 사랑과 신의 은총을 인지하는 단계에까지 이르게 된 데에는 순전히 그녀를 데려다 키운 목사의 헌신적인 봉사와 교육 덕분이었다. 그런데 그녀가 개안수술을 받게 된 날을 전후하여 상황이 급반전하면서 비극적 종말로 치

294

닫는다. 그녀는 육신의 눈을 뜨게 됐지만, 사랑 때문에 죄를 알게 됐고 영혼의 눈을 잃게 됐다고 절망하면서 죽음을 선택하고 만다.

도대체 무슨 사랑. 어떤 사연이 있었기에 순결무구한 제르트뤼드를 그 지경까지 몰아붙인 것일까? 사랑과 죄 사이의 부조리가 독자의 가슴을 시리도록 아프게 한다. 개안 전후의 그녀의 운명적 행보는 독자로 하여금 사색의 비탈길로 인도하고 있다. 누구라도 그럴 것이, 제르트뤼드도 눈을 뜨게 되면 진짜 행복해질 것으로 기대했다.

그러나 현실은 정반대로 나타났다. 그녀를 에워싸고 목사와 그 아들 사이에 부적절하게 공유된 연민의 정. 그런 광경을 바라보는 목사부인 아멜리의 참담한 심경. 그리고 소리 없이 해체되는 한 가정의 비운을 어렵게 얻은 두 눈으로 지켜보면서 제르트뤼드는 돌이킬 수 없는 죄책감에 사로잡힌다. 그녀는 언젠가 아버지 같은 목사에게 이렇게 말했었다. "목사님의 도움을 받고 있는 이 행복이 모두가 내 무지 위에 쌓아올려진 것 같은 생각이 들어요." 그녀는 말을 이어갔다.

"제 말씀을 들어 보세요. 저, 그런 행복은 원치 않아요. 그 점을 제발 알아주세요. 전 굳이 행복 하고 싶지 않아요. 그 보다도 알고 싶어요. 제겐 볼 수 없는 많은 것들 중, 틀림없이 슬픈 것들이 많이 있을 거예요. 그걸 제가 알지 못하도록 할 권리는 목사님한텐 없어요. 저, 겨우 내 줄곧 생각하고 있었어요. 네, 목사님, 이 세상 모든 것이 목사님이 내게 믿게 하신 그대로 아름답지 않을까봐 근심스러워요. 아름답기는 커녕, 딴판이 아닐까 두려운 거예요."

나중 일이지만, 제르트뤼드가 자살을 기도한 후 침대에 누워 있을 때 목사는 그녀의 손을 움켜잡고 무릎을 꿇었다. 그는 흘러내리는 눈물을 애써 감추며 이내 덧 이불에 얼굴을 파묻었다. 그녀는 손을 빼 목사의 이마를 어루만지면서 다정스레 말문을 열었다.

"네, 목사님, 목사님도 잘 아실 거예요. 저, 목사님의 마음이나 생활 속에서 너무 지나치게 자리를 차지하고 있었나 봐요. 눈을 뜨고 목사님 곁으로 왔을 때 바로 생각난 게 이것이었어요. 적어도 내가 차지하고 있었던 장소는 다른 여자(목사부인 아멜라)의 자리였고 그분은 그 때문에 슬퍼하고 있었어요. 내 죄는 그걸 눈치 채지 못했다는 점이에요. 다시 말하면, 목사님이 사랑해 주시는 대로 덮어놓고 그걸 받아들이고 있었다는 점이에요. 처음 그분을 본 순간, 그분의 그늘진 얼굴, 가리어진 슬픔이 바로 내 탓이었다는 생각이 들면서 도무지 어떻게 참을 수가 없었어요. 그렇다고 목사님은 자신을 손톱만치도 꾸짖으시면 안돼요. 허지만, 이대로 헤어지게 해주세요. 그리고 그분에게 기쁨을 돌려주세요."

목사의 이마를 쓰다듬던 그녀의 손이 멈췄다. 목사는 그 손을 부여잡고 키스와 눈물로 그 손을 덮었다. 이 장면은 애잔한 여운을 길게 드리우며 우리에게 어떤 숙연한 메시지를 던져주고 있음이 분명하다. '우리들은 스스로의 잘못에 대하여 너무 관대하지 않았는지'라는……. 무지의 사랑, 무분별한 사랑의 경계를 뛰어넘는 사랑과 도리의 조화로움이야말로 전원교향악이 행복교향악으로 승화되는 요결이 아닌가 싶다. '행복하고 싶거든, 사랑하라. 도리에 어긋나지 않게…….'

 가정의 의미와 행복을 돌아보게 하는 5월. 가정의 달을 맞아 한번 음미해 볼만한 인문학 소재가 될 것 같아 소개한 것이다.

〈2010. 4. 30.〉

명랑한 삶의 동력, 긍정의 가치

추색이 완연한 요즈음이다. 낙엽은 스산한 바람에 땅 위를 뒹굴고 대지의 푸르름은 뒷모습을 보이며 사라지고 있다. 김현승 시인은 「가을의 기도」에서 굽이치는 바다와 백합의 골짜기를 지나 마른 나뭇가지 위에 다다른 까마귀를 자신의 심상으로 표현했다. 그는 겸허한 마음과 맑은 영혼을 절절히 간구했다. 또 하늘의 시온성을 이어주는 '창'의 이미지를 통하여 긍정의 가치를 강조하고 있다. 그는 신앙의 창을 맑고 깨끗이 지킴으로 눈들을 착하게 뜨는 버릇을 기르는 기쁨과 명랑(明朗)을 노래했다. 명랑은 우리에게 오늘의 뉴우스라고 찬미했다.

명랑은 마음의 병을 씻어내는 자연신약

그러나 우리가 처한 상황은 기대와는 달리, 녹록치 않은 것이 현실이다. 믿고 소망하는 창의 존재를 용인할 수 없다는 듯 번뇌가 잉태하

298

는 우울과 불안의 요정들은 티끌과 때가 되어 그 창을 마구 더럽히고 있지 않은가. 그리고 우리들의 명랑한 삶을 헤살 놓고 그 동력인 긍정의 힘마저 앗아가는 행태를 자행하고 있지 않은가. 우울과 불안의 정서는 세상의 복잡성과 비례하여 내적으로 확대 재생산되는 경향이 있다. 그것은 미구에 몸의 암보다 가공스런 마음의 암으로 발전하여 우리의 정신건강을 위협하게 될지도 모른다. 미래의 신종 암은 정신적인 병소에서 발견될 것으로 예상되는 대목이다.

세계보건기구(WHO)는 육체적으로 질병이 없는 상태뿐만 아니라 정신적으로 건전하며 동시에 사회적으로도 조화롭고 원만해야 완전한 건강이라고 보았다. 동의보감 내경 편에는 마음건강의 중요성이 언급되어 있다. 즉, '병을 다스리고자 하면 먼저 그 마음을 다스려야 한다. 그 마음을 바르게 하여 도(道)에 이르게 하고 병자로 하여금 마음속의 의심, 걱정, 망념, 불평 등을 제거하도록 한다. 그래야 이슬 같은 육신이나 갈대 같은 몸속에다 위대한 영혼을 채울 수 있지 않겠는가?'라고 했다.

만성적이고 고질적인 우울증은 마치 구들장을 이고 사는 것처럼 심신(心神)을 짓누르며 힘겹고 암울한 허상의 늪으로 빠져들게 한다. 신경쇠약은 극에 달하고 스스로 축성한 마음의 감옥에서 벗어날 수 없는 지경에 다다르게 된다.

연간 1만 명에 이르는 국내의 자살자 중에서 80% 이상이 우울증 환자로 추정되고 있다. WHO는 세계적으로 우울증환자 수효가 1억

2100만 명에 도달한다는 조사결과를 발표한 적도 있다. 미국 시인 오
덴(Auden)은 현대를 '불안의 시대(the age of anxiety)'로 규정하고 그의 시집
제목으로 이 용어를 사용했다. 원래 철학용어인 불안(angst)은 신경증적
인 막연한 불안감, 우울감을 가리키는 말이었다. 킬케골의 실존적 불
안개념이 대표적인 예다.

정신건강의 중요성 새롭게 인식해야

문제는 생물학적 반응의 불안심리가 과도하게 작용하여 불안장애로
진행되는 경우라고 하겠다. 불안장애는 도덕성에 기초한 초자아와 현
실원칙을 따르는 자아 그리고 원초적 본능 사이의 갈등과 부조화에서
비롯된다고 할 수 있는데 정신과 육체를 놀랍도록 피폐하게 만든다.
특히 강박장애는 원치 않는 상황을, 그것이 불합리하고 어처구니없는
짓(rituals)이라는 것을 번연히 인식하면서도 일부러 본심을 왜곡하여, 반
복적으로 지속하는 고통과 좌절을 맛보게 한다. 이러한 정신신경 질환
은 무려 150여 종이 넘는다고 한다.

치료는 상처의 크기와 깊이만큼 어려움과 인내가 따른다. 통상의 치
료수단으로 약물치료와 인지행동치료가 병행되고 있지만, 후자가 더
근본적이고 바람직한 처방이라고 필자는 믿고 있다. 명랑한 삶을 영위
하고 마음건강을 지키는 요체는 소위 'number 1'보다 'only 1'을 추구하
는 긍정의 가치에서 찾을 수 있다. 칠레 산호세 광산의 기적도 모두 힘

을 합치면 반드시 구조될 수 있다는 강한 신념. 긍정의 힘을 확신한 데서 가능했다. 시흥에 터 잡은 시흥시민의 명랑하고 행복한 삶을 위하여 스스로 긍정의 힘을 믿고 당당한 시민으로 살아가길 기대해 본다.

〈2010. 10. 29.〉

가슴에 별을 품는 복된 새해 되세요

임진년 새해 벽두가 뒤안길로 들어서고 있다. 지난 세밑에 그려 본 새해 소망들이 기억창고 밖으로 아련히 사라지고 있지는 않는지 살펴볼 일이다. 비록 계획했던 일들이 용두사미로 끝난다 해도 계획하는 일 자체는 의미 있는 일이다. 구체적 목표가 담긴 실행계획이라야 실현가능성이 높아진다. 쉬운 것부터 차근차근 이루어지도록 배려함이 좋다.

실현가능한 목표선정과 실천이 중요

간단히 리셋버튼을 눌러 다시 시작하는 컴퓨터와는 달리, 인간의 행동양식은 한 순간에 전체적인 변화를 허용하지 않는다. 한 번 습관이 배면 관성이 작용해서 기존의 행동패턴을 유지하기 때문이다. 지하철 통로에서 우측통행 표지가 아직도 낯설게 느껴지는 것도 눈과 동작 사이의 부조화가 여전히 존재하기 때문이다. 천상 우리는 하늘의 뭇 별 중 자기별을 찾아 이를 가슴에 품고 한 계단 한 계단 향상, 또 향상하는 길(向上一路) 외에 달리 특별한 방도가 없다. 수적천석(水滴穿石). 작은 물방울도 계속 떨어지면 바위를 뚫는다는 말처럼, 쉬 포기하지 않는 끈기와 노력 앞에 과연 당할 재간이 있겠는가.

시대의 화두로 등장한 지속가능성(sustainability)이라는 개념도 존재의 '지속'에 가치를 두고, 지속을 위한 방법을 탐구한다. 잠시 나타났다 스러지는 안개가 아니라 영원을 태우며 곳곳을 차별 없이 비추는 햇빛의 가치가 높이 평가된다. 필자는 지속가능성을 담보하는 행동의 근거로서 인내와 균형감각을 들고자 한다.

인내는 일인(一忍), 삼인(三忍), 백인(百忍), 무한인(無限忍), 법인(法忍) 등 수열에 따라 용어가 구분되기도 한다. 때와 상황에 맞게 적절한 어휘가 선택된다. '참을 인(忍) 자 셋이면 살인도 면한다'는 삼인, '백 번 참으면 집안에 화목이 깃든다'는 백인, '오래 참고 견디는 것이 사랑'이라는 무한인 등 인내심을 요지로 하는 생활격언들이 현실과 마주 선다. 인내는 마음속에 자리 잡은 증오의 사막과 분노의 계곡을 통과하기 위해 구비해야 하는 조용하고 참을성 있는 용기라고 할 수 있다. 인내가 사람을 구한 일화 한 토막이다.

어느 시골에서 일어난 일이다. 남편이 외출하고 집에 돌아와 보니 방문 앞에 웬 남자 신발이 놓여 있었더란다. 수상하게 여겨 방문을 열어보니, 아내가 머리를 빡빡 깎은 웬 남자와 나란히 이불 속에 누워 있는 것이 아닌가. 남편은 순간 머리가 돌았고 이 두 연놈을 응징하기 위해 도끼를 찾았다. 도끼가 눈에 안 보이자 남편은 잠시 어떤 놈인가 얼굴이나 한번 보자고 이불을 확 걷어찼다. 아뿔싸! 이럴 수가. 그놈은 놈이 아니라. 스님이 된 아내의 친정 언니가 아닌가. 언니는 탁발하러 다니다가 여동생 집에 잠시 들렀고 자매가 그만 한 이불 속에서 잠이 들었던 것이다. 확인도 않고 홧김에 일을 저질렀다면 어찌 되었을까. 생각만 해도 모골이 송연해진다.

인내와 균형감각, 복된 새해의 정신적 기초

균형감각에 관한 이야기다. 일불이 살육통(一不殺六通)이라고 한 가지 잘못으로 여러 가지 일이 그릇되어짐을 비유하는 말인데, 우리 생활 주변에서 흔히 볼 수 있는 장면이다. 편견과 편애. 일방적이고 독선적인 생각들이 얼마나 갈등관계를 조장하고 스트레스를 심화시키는지 우리는 경험을 통해 잘 알고 있다.

국가 간의 외교관계에서도 세력균형의 원리는 여전히 국제관계에서 금과옥조로 받아들여지고 있다. '영원한 우방도, 영원한 적도 없다'는 냉혹한 현실에 바탕을 두고 각국은 기본적으로 균형 지향의 외교정책을 펴고 있다. 인내와 함께 균형감각은 지속가능한 사회를 지탱하는 정신적 기초로서 복된 새해를 창조하는 원동력이 될 것이라 믿는다.

〈2012. 1. 13.〉

5월의 신혼부부에게 띄우는 축사

5월은 결혼의 계절이기도 하다. 예로부터 혼례는 인륜지대사라 하여 으뜸 경사로 여겼다. 하루 종일 온 동네가 잔치로 북적이고 신랑각시는 축제의 주인공이 되어 밤늦도록 곤욕을 치르곤 했다. 지금이야 잘 꾸며진 예식장에서 시간 간격으로 신혼커플을 양산(?)하고 있지만 결혼의 의미와 기쁨은 동서고금을 막론하고 다름이 없다.

연애시절을 한 떨기 백합에 견준다면 결혼생활은 장미꽃과 같다고 할까. 둥지를 마련하여 함께 살게 되면 연애할 때의 설렘과 애틋한 감정은 어느새 사라지고 '이게 아닌데' 하는 실망감과 아쉬움이 그 자리를 점령하기 일쑤다. 서로에게 배우자라는 의미에서 부부를 '배우자'라고 일컫는다는 우스갯소리가 수긍이 간다. 상대를 틀렸다고 단정하고 바로 '가르치자'로 전환하는 순간 마찰음이 생기기 마련이다. 가르침에는 자칫 권력적 요소가 끼어들어 서로 존중하는 관계를 왜곡시키고 장미의 가시처럼 상대에게 본의 아닌 상처를 줄 수 있다. 가시는 교만이고 같잖은 자존심과 같은 것. 무릇 부부란 상대방이 객체로서 따라와 주길 바라지 않고 부족한 점을 보완해 전체로서 온전한 하나를 이루도록 서로 돕는 관계다. 영어에도 부부간을 이르기를, '더 나은 반쪽(better half)'이라고 하지 않는가. 흔히 쓰는 일심동체도 같은 의미일 것이다.

그런데 보통사람들은 결혼식만 올리면 좋은 부부, 행복한 가정이 저절로 이루어지는 것으로 생각하는 경향이 있는 것 같다. 이는 부부 쌍방이 함께 노력하지 않으면 결코 쉬운 일이 아니다. 이런 맥락에서 새로운 출발을 앞둔 신랑신부께 경어체로 몇 마디 축사를 띄워본다.

첫째, 서로 믿고 서로 존중하는 부부가 되기를 바랍니다. 진부한 얘기 같지만, 상호신뢰와 존중은 곧 가정행복의 첫 단추입니다. 깊은 신뢰와 존중 속에서 참사랑이 싹트고, 단란한 건강가정의 일화가 피어납니다. 존중한다는 것은 오만과 편견을 멀리하고 상대를 내 몸같이 귀한 존재로 인정·배려하는 태도입니다. 여기에서 대화·소통기술은 중요합니다. 신랑신부는 가급적 정겹고 고운 말, 긍정적인 언어를 많이 사용하도록 노력하세요. '아냐 아냐'라는 부정적인 말투보다 '오냐 오냐'하는 긍정적인 말투가 좋습니다. 자고로 부부는 구구비둘기처럼 고개를 끄덕이며 화답하는 모습이 아름답습니다. 둘째, 많이 사랑하고 많이 참고 많이 감사하는 부부가 되세요. 사랑은 본질적으로 참고 견디는 것입니다. 서로의 차이와 다름을 이해하는 가운데 그 차이점을 조금씩 좁혀나가는 과정이 사랑입니다. 지나친 욕심을 내는 것을 참고, 쉽게 분노하고 화내는 것을 참고, 일시적 어려움과 시련을 함께 견뎌내는 것이 사랑입니다. 그런데 그냥 참고 견디는 것이 아니라 길게 참고 오래 견디는 것이어야 합니다. 옛말에도 '백인당중유태화(百忍堂中有泰和)'라, 백번을 참아야 진정한 화목이 깃들 수 있다고 했지요. 그 쓰디 쓴 인내의 열매위에 온유하고 감사하는 마음을 내는 것이 진정한 사랑입니다. 계량적으로 말해서 사랑은 팔 할이 인내라고 말씀 드릴 수 있겠습니다. 셋째, 함께 가치를 창조하는 부부가 되시기를 바랍니다. 같은 배를 타고 항해하는 인생의 동반자로서, 또 자기실현을 돕는 상호 조력자로서, 서로 성취하는 삶을 살아야 합니다. 부족한 점은 서로 북돋우고 잘하는 점은 더욱 증장시켜 가정과 사회에 공헌하는 부부가 되시기를 바랍니다. 덧붙여 말씀 드리고 싶은 것은 효도의 공덕에 대한 것입니다. 자효쌍친락(子孝雙親樂)이요, 가화만사성(家和萬事成)이라. 효성이 지극한 가정은 집안이 화목하고 만사가 형통하고 축복을 받는다, 이 말이지요. 다만 효도는 수단이 아닌 목적으로 해야 진정한 축복을 받을 수 있습니다. 부디 효도하고 축복 받는 부부가 되시기를 바랍니다.

이상 말씀드린 사항을 꼭 마음에 새기고 실천하시길 바랍니다. 아무쪼록 여러분의 앞날에 큰 성취와 만복이 가득하기를 진심으로 기원합니다. 행복하세요, 신랑신부 여러분!

〈2012. 5. 11.〉

낙엽 사이로 '행복한 나' 선택하기

시월의 가을산은 곧 오색단풍에 물든 의상을 앞가슴에 길게 드리우고 아리따운 자태를 한껏 뽐낼 것이다. '아, 가을인가' 김동환 작사의 가을노래가 절로 흥얼거려지는 추흥(秋興)의 계절이다. 그렇게도 뜨겁게 대지를 달구었던 지난 성하의 뒷모습이 낙화와 낙엽 사이로 사라지는 요즈음이다.

추억은 전체로서 아름다운 흔적을 남기지만, 천착하면 과거회향의 멜랑콜리에 빠져들기 쉽다. 잘게 패인 눈주름 사이로 구슬픈 이슬이 맺히기도 한다.

행복은 결코 기억속의 그림창고에 오래 머무르지 않는다. 그것은 지금 여기 살아 숨 쉬는 현재와 그리고 미구에 다가올 미래로 난 길목 어딘가에서 서성이며 우리를 기다리고 있다. 나는 스스로에게 얼마나 행복을 주었는가. 정말 행복의 여신은 나를 향하여 손짓하고 있는가.

행복은 미래에 대한 기대감 속에 깃든다

지난 여름, 작열하는 태양 아래 우리는 몸을 제대로 가누지도 못한 채 정신을 꽁무니에 매달고 행복 건너편의 황량한 거리를 맴돌았다. 매일 매일이 더위와의 전쟁이었다. 무릇 미래(未來)란 지나가는(pass by) 것이 아니라 맞이하는(welcome) 것이란 생각이 든다. 현재의 시점에서 다가올 현실을 기획(entwurf)하고 선택(choice)하는 가운데 기대 섞인 설렘이 가슴과 뇌리에 스며드는 것이다. 그것은 행복의 샘터를 내 마음에 파는 일이다. 배움과 소통의 즐거움이 샘물처럼 솟아나는 꿈의 동산이다.

배움과 소통에서 그 과정과 결과는 다른 차원이다. 행복은 과정에서 분출되는 기쁨과 즐거움에 더 친화적이다. 기대가 크면 실망도 크다지만 긍정적이고 낙관적인 기대는 우리를 행복예감에 젖게 한다. 행복을 진정 깨달은 사람은 알 것이다. 유쾌한 변화를 이끌어주는 배움의 기회, 공감대로 이어지는 만남과 소통의 로드맵이 얼마나 우리의 마음을 명랑하고 행복하게 해주는가를.

여기에서 우리는 시민으로서의 개인, 즉 공인의 행복이란 관점에서 국가와 공동체의 역할에도 주목할 필요가 있다. 각자는 자기의 행복관에 기초해서 스스로 행복의 탑을 쌓아 올리지만, 동시에 국가와 공동체로부터 적절한 지원과 보호를 받아야 한다는 점 또한 당위이다. 그래서 정부의 복지정책은 어느 나라나 뜨거운 감자가 아닐 수 없다.

지난 5월 '행복지수의 세계적 중요성과 시사점 보고서'를 발표한 정부는 "우리나라도 유럽의 강소국처럼 행복지수를 높이는 방안을 강구해야 하며 글로벌 스탠더드에 부합하는 정책과 지속가능한 복지시스템을 갖춰야 한다."고 밝혔다.

국민행복지수는 국민의 주관적 만족도인 행복을 계량화한 수치로 나타낸다. 국민의 행복지수를 높이려면 개인의 삶의 태도와 더불어 적절한 복지정책이 서로 합력하여 공동선을 이루어내야 한다.

2007년 영국 신경제재단(NEF)이 발표한 국가별 행복지수 조사결과는 우리에게 시사하는 바가 크다. 세계 178개국 중 행복지수 1위로 선정된 나라는 의외로 남태평양의 작은 섬나라 바누아투공화국이었다. 우리나라는 102위를 차지했다. 바누아투국은 1인당GDP가 2,900달러에 불과한 최빈국이다. 당시 한국을 방문했던 바누아투국 관광청장은 인터뷰에서 말하기를, "바누아투 사람들은 왜 행복하냐고요? 물질적인 것에 집착하지 않고, 단순소박하고 긍정적이며 항상 서로 나누고 존중하는데 익숙한 생활습관 때문이지요." 그는 이어서 "한국에서는 자살이 큰 사회문제가 되고 있지만 바누아투는 지난 5년간 자살자가 한 명도 없었어요. 각 섬의 족장과 연장자가 이끄는 마을공동체가 구성원들에게 큰 의지와 위안이 되고 있지요."라고 말했다.

한국인의 낮은 행복지수 되돌아볼 시점

한국인의 낮은 행복감은 어디에서 연유하는 것일까. 정신없이 앞만 보고 달려온 삶의 질주. 메마른 삶의 방식이 우리의 마음을 더욱 황량하게 만들기 전에 가을낙엽 사이로 '행복한 나'를 선택하는 사색의 시간을 가져보는 것이 어떨지……. 아울러 정부당국은 국민 또는 시민의 행복 수준을 높이기 위해 부단히 소통하며 행복국가 건설프로그램을 개발하고 추진하는 노력을 게을리 하지 말아야 할 것이다.

〈2012. 10. 19.〉

낫과 모래시계를 잘 쓰는 법

갑오년 새해 벽두가 이제 시야에서 벗어났다. 지난 정초에 구상했던 새해 소망들이 눈발 날리는 젖빛 유리창 너머로 아련히 사라지고 있지는 않는지 모르겠다. 설령 계획했던 일들이 작심삼일로 끝난다 해도 계획하는 일 자체는 의미 있는 일이다. 작은 물방울도 계속 떨어지면 바위를 뚫듯이, 다시 도전하는 용기와 끈기 앞에 당할 재간이 있겠는가.

서양에서는 '시간의 신'을 낫과 모래시계를 양손에 쥔 노인으로 의인화해 묘사한다. 일명 '시간아버지(Father Time)'라고도 한다. 모래시계가 나타내는 시간을 노인이 지혜로운 눈으로 관찰하면서 낫질하는 형상인데 시간의 기회성을 암시하는 메시지가 담겨 있다. 프랑스 사상가 볼테르는 시간과 관련해서 다음과 같은 수수께끼를 냈다.

"세상에서 가장 길고도 짧고, 가장 빠르면서도 느린 것. 사람들이 별로 중요하게 여기지 않다가 정작 잃어버리면 매우 아쉬워하는 것. 그것은 아무리 소중한 것도 사라지게하며 귀한 생명도 일순간에 빼앗는다. 그것은?"

볼테르는 불가사의한 시간의 속성에 대해서 말하고 싶었던 것 같다. 대개 이립과 불혹의 나이 때는 바쁜 나머지 나이를 잊은 채 평생 자기는 늙지 않을 것처럼 행동하기도 하지만, 치열한 생존경쟁의 뒤안길로 접어드는 중년의 나이가 되면 세월의 무상에 젖어서 울적한 감상에 빠지기 쉽다.

시간관리, 삶의 질 좌우하는 요체

아무튼 유한한 생명을 살아가는 인간에게 하루 24시간의 쓰임새는 삶의 질을 좌우하는 핵심적 요소이다. '시간은 돈이다(Time is money)'란 서양 금언에 더하여 '소년이노 학난성(少年易老 學難成), 일촌광음 불가경(一寸光陰 不可輕)'이란 명심보감 구절이 떠오른다. 또 벤저민 프랭클린의 잠언 중에, "그대는 인생을 사랑하는가? 그렇다면 시간을 낭비하지 말라. 왜냐하면 시간은 인생을 구성하는 기본단위이기 때문이다." 라는 구절도 있다. 시간관리학의 비조인 프랭클린에게서 시간 관리의 허점과 작심삼일의 악습을 개선할 방법을 배울 수 있을 것이다.

영화 '빠삐용(papillon: 나비)'의 다음 장면은 압권이다. 빠삐용은 살인죄의 누명을 쓰고 종신형을 선고 받는다. 그는 자신을 범인으로 몰아세운 수사검사에 대한 복수를 다짐하며 탈옥을 시도하지만 번번이 실패하고 만다. 그는 독방에 수감되었고 어느 날 이상한 꿈을 꾼다. 꿈 속에서 빠삐용은 자기 앞에 나타난 재판관을 향해 "나는 사람을 죽이지 않았다. 지금까지 떳떳하게 세상을 살았다."고 항변하며 무죄를 주장한다. 그러나 재판관은 단호하게 말한다. "설령 살인을 안했다고 하더라도 당신은 인생을 허비한 죄를 면할 수 없다. 그래서 당신은 유죄요." 빠삐용은 미처 깨닫지 못한 또 다른 양심의 소리에 망연자실, 넋을 잃고 말았다는 이야기이다.

하루는 우리들의 작은 인생이다

시간의 신은 우리에게 미래의 꿈을 선사했다. 더 살 수 있는 미래와 그 미래를 설계할 수 있는 시간이 남아있음은 얼마나 큰 위안이요 축복인가.

미래에 대한 희망과 기대감 속에 행복은 깃들고 스스로 행복하고자 노력하는 사람에게 행복의 여신은 미소를 짓는다. 시간의 신이 소지한 낫(sickle)을 시의 적절하게 잘 활용해야만 기회와 성공을 거둘 수 있다.

하루는 우리들의 작은 인생이다(each day is a little life). 당신이 헛되이 보낸 오늘 하루는 어제 죽은 사람이 그토록 원하던 내일이 아닌가. 하루를 열심히 살기 위해 말할 시간도, 먹을 시간도 없다는 하루살이는 아예 입이 없이 태어난다는 사실이 경이롭지 않은가.

〈2014. 2. 21.〉

겨울풍경, 나눔과 격려의 인문학

다시 돌아온 12월이다. 세월의 덧없음을 실감하면서 올 한해 걸어온 길을 돌아보게 된다. 정신없이 달려온 삶의 발자취. 무엇을 위해 그리 바쁘게 움직였는지 그리고 그 행로가 정말 최선의 길이었는지 반추해 보는 것도 의미 있는 일이다. 나무들은 겨울을 기다려 또 하나의 나이 테를 목간 속에 새긴다고 한다. 목리문은 그렇게 생긴 나무 자신의 역 사다. 온몸으로 체내의 에너지를 결집하여 꽃과 열매를 피워낸 후 비 로소 한 줄의 무늬를 생성할 수 있다.

한 해를 갈무리하는 겨울풍경의 정점에 서서 사람도 나무와 같이 삶 의 무늬를 역사 속에 새긴다. 최선을 다해 열심히 살아온 삶은 그래서 장하고 대견스럽다. 피나는 노력으로 천부적 재능을 발휘하여 세상을 놀라게 한 피아니스트 조성진의 스토리는 얼마나 장하고 대견스러운 가. 그의 성취에 조금은 부러운 듯 모두들 박수갈채를 보냈다.

여기에서 우리는 공동체의 구성원에게 기쁨을 선사한 그의 쾌거가 개인의 영광을 넘어 공동체의 행복으로 승화되었다는 사실에 주목하고자 한다. 보다 값지고 아름다운 삶은 타인과 이웃, 공동체의 복리와 연결된 어느 지점에서 피어나는 착한 나무와 같다. 인간에게 유익한 산소를 나누어 주고 시원한 그늘을 제공하며 나중엔 육중한 자기 몸을 목재로 바치기도 하는 나무의 모습에서 공동체의 희망을 본다. 아무 말 없이 신록의 비전과 생명의 에너지를 용출하는 나무의 모습에서 위안과 용기를 얻는다.

나무는 나눔과 희망의 표상이다. 나무들이 모여 숲을 이루듯 사람도 공동체를 이루며 더불어 살아간다. 이기적인 나에 집착하지 않고 공동체의 이익과 행복을 실천하는 공덕을 베풀 때 진정 값지고 아름다운 가치가 향기를 뿜는다. 그것은 일시적이 아닌 지속가능한 가치다.

나눔 또는 배려와 관련하여 돼지의 교훈을 소개하고 싶다. 돼지는 젖꼭지가 14개 있고 새끼는 10마리에서 14마리를 낳는다고 한다. 눈도 못 뜬 돼지새끼들은 자기 젖꼭지를 정해 놓고 그 젖만 먹는데, 신기한 것은 가장 약하게 태어난 새끼가 가장 좋은 젖꼭지를 차지한다는 사실이다. 그렇게 두어 달이 지나면 새끼들의 크기와 힘이 모두 비슷해진다고 한다. 돼지새끼들의 나눔과 배려의 본능은 인문학이 추구하는 이념과 상통하는 데가 있다. 12간지 동물 중에 돼지가 가장 마지막 순번이라는 점도 겸손의 중요성을 시사하고 있다. 돼지의 꿈, 돼지의 행운, 맛있는 삼겹살 이야기까지 더해진다면 돼지의 한량없는 복덕은 인간의 소망을 담은 친인간적 동물임을 확인시키기에 손색이 없다.

겨울풍경이 빚어내는 따스함은 격려와 칭찬의 나비효과에도 기인한다. 팍팍하고 고달픈 세상에 지적과 비난만 있고 칭찬과 격려가 없다면 얼마나 삭막하고 살벌한 사회가 될 것인가.

칭찬은 고래도 춤춘다는 말처럼 우리 인간에게도 칭찬과 격려의 한마디는 천금의 위력을 발휘하기도 한다. '빌 클린턴을 크게 키운 어머니의 말 한마디'란 일화는 격려와 칭찬의 효과를 잘 보여주고 있다.

빌 클린턴은 유복자로 태어나 다섯 살이 될 때까지 외조부의 손에서 자랐다. 간호사였던 어머니는 클린턴이 세 살이 되면서부터 글을 가르치기 시작했다. 얼마 후 그녀는 자동차 판매상인과 재혼하여 새 가정을 이룬다. 새 아버지는 술만 마시면 구타를 일삼는 주정뱅이였다. 그때 받은 정신적 상처로 클린턴의 열 살 아래 동생은 나중에 마약 중독자가 되고 말았다. 하지만 빌 클린턴은 오히려 스스로를 다잡는 계기로 삼았고 가정의 불화에 집착하기보다는 자신의 장점을 살려 바른 길로 나아가려고 노력했다.

훗날 클린턴은 회고하기를, 자신의 꿈을 이룰 수 있었던 것은 어머니와 외조부의 격려 때문이었다고 술회했다. 어렵고 힘든 상황에서도 어머니와 외조부는 늘 클린턴에게 "넌 세상에서 가장 소중한 사람이야. 너는 뭐든지 할 수 있어."라고 용기를 북돋아 주었다. 자신을 인정해주는 가족의 따뜻한 칭찬과 격려. 이것이 없었던들 미국대통령 클린턴이 과연 존재할 수 있었을까.

결손가정의 불우한 청소년들이 다 절망의 구렁텅이에 빠지는 것은 아니다. 인정해주고 소중한 존재임을 일깨우는 말 한마디가 사람의 인생을 완전히 바꾸어 놓을 수 있다. 시의적절한 칭찬과 격려의 말 한마디는 미래의 꿈이요 희망의 메시지다.

〈2015. 11. 27.〉

건강가정 실천한 셰익스피어

'인도와도 결코 바꾸지 않는다'는 영국의 대문호 윌리엄 셰익스피어는 지난해로 400주기를 맞았지만 세월과 무관하게 그의 명성은 여전한 것 같다.

사망일과 생일날이 묘하게 같은 날이어서 진기함을 더해 주는 것도 사실이다. 그는 영국 중서부 소도시에서 1564년 4월 23일에 태어나 1616년 4월 23일에 52세를 일기로 타계했다. 인근 예배당 평지에 묻힌 그의 묘비에는 "착한 친구여! 예수 이름으로 요청하노니 이 무덤을 파헤치지 마라. 이 흙을 가만히 두는 자는 축복을 받을 것이며 내 뼈를 건드리는 자는 저주를 받을 것이다"라는 글귀가 새겨 있다. 비록 육신은 흙이 되었어도 고향 땅을 떠날 수 없다는 비장한 염원이 우뢰처럼 전달되는 듯하다.

그가 작고하기 전 작성한 유언서의 내용을 보면, 그의 또 다른 면모를 엿볼 수 있다. 즉, 맏딸 수재녀와 손녀, 곧 결혼하게 될 둘째 딸 주디스, 누이동생과 조카들, 친지들, 그리고 빈곤한 이웃들까지 소정의 비율로 유산을 나누어주라는 당부가 담겨 있다. 한편 부인에게는 가구와 함께 좋은 침대를 주라고 되어 있어 다소 논란의 여지가 있지만 아내는 당시 상당한 토지의 수익이 있었다고 한다.

유산을 가장 많이 차지한 사람은 맏딸이었다. 눈길을 끄는 것은 피상속인의 범위가 가족을 넘어서 친지와 이웃들까지 망라되어 있다는 사실이다. 셰익스피어의 우애와 인보의 정신을 짐작할 수 있는 대목이라 하겠다.

하여튼 용의주도한 셰익스피어인지라 분배과정에서 최대다수의 최대행복을 위해 고심한 흔적이 역력하다. 자신의 뜻을 반영하면서 분란의 소지를 없애는 일이 얼마나 어려운 일인가.

어린 시절 셰익스피어는 손아래 아우들, 누이들과 같이 자랐는데 유아 때 죽은 형제자매가 많았다. 그가 태어난 해에 흑사병이 창궐해 동네 주민의 8분의 1 가량이 사망했기 때문이다. 어린이는 어른의 아버지라는 말이 있지만, 교육에 있어서는 어른이 어린이의 거울임을 부인하기 어렵다.

셰익스피어도 여느 아이들처럼 부모의 직업편력과 가정철학에 따라 형성되고 성장하는 과정을 밟았다. 부친(존 셰익스피어)은 가죽장갑을 제조하는 갓바치로 기술경영인이었다. 초기에는 사업이 잘 되어 부동산을 불렸고 셰익스피어가 태어난 저택을 구입하기도 했다. 지역정치에도 관심이 있어 30대에 읍의원과 읍장이 되었다.

그러나 셰익스피어가 11세가 되던 해부터 부친의 사업은 기울기 시작한다. 셰익스피어는 15세에 중등학교인 그래머스쿨을 마쳤다. 대학은 못 갔지마는 당시로서는 높은 학력이었다. 졸업 후 런던무대에 진출할 때까지 어떻게 생활했는지 정확한 기록이 남아 있지 않아 이 기간을 '잃어버린 시기(lost years)'라고 부른다. 아마도 부친의 사업을 도우며 많은 책을 읽었을 것으로 짐작된다. 다만 확실한 것은 1582년 그의 나이 18세 되던 해, 8년 연상의 '앤 해서웨이'란 인근 부농의 딸과 결혼했다는 사실이다. 지방 유지로서 아버지의 역할이 크게 작용했다고 본다.

셰익스피어는 결혼 이듬해 맏딸의 세례식을 치렀고 2년 뒤 쌍둥이 남매, 햄닛과 주디스를 낳았다. 아들이 11살 어린 나이에 죽는 슬픔을 겪기도 했다. 셰익스피어가 고향을 떠나 수도 런던의 극장가에 데뷔한 때가 대략 1586경이다. 이때부터 셰익스피어는 초인적인 재량을 발휘하여 연거푸 드라마 대작을 쏟아내는 기염을 토한다. '한여름 밤의 꿈', '로미오와 줄리엣', '햄릿' 등 희·비극과 '템페스트' 등 로맨스극을 포함하여 총 38편의 희곡과 154편의 소네트가 발표되었다.

창작에 몰두하는 가운데 극단의 배우로서, 운영자로서 종횡무진 활동했다. 그런 와중에도 그는 150km나 떨어진 고향집에 자주 들렀다고 한다. 부모님께 효도하고 가정을 지키고자 노력했던 그의 성실성이 놀라울 뿐이다. 1596년에는 부친이 그토록 염원했던 '가문의 상징이 수

놓인 예복'을 수여받아 '신사'의 칭호도 얻었다. 그 이듬해엔 고향에서 두 번째로 큰 집이라는 '뉴 플레이스'를 사들였다. 그는 1609년, 나이 45세에 명예로운 은퇴를 선언하고 귀향길에 오른다.

'세상은 무대고 모든 사람은 배우다. 등장과 퇴장이 정해져 있으며 각자는 평생에 걸쳐 일곱 마당의 역할을 수행한다.' 그가 만든 희극 '좋으실 대로'에 나오는 명대사의 한 대목이다.

〈2017. 7. 14.〉

한 해를 돌아보며 건강가정을 생각한다

　문득 세월의 쉬이 감을 절감하면서 한 해 걸어온 길을 돌아보게 된다. 부지런히 달려온 삶의 나날들. 무엇을 위해 그리 바쁘게 뛰었는지 반추해 본다. 잠시 나무가 되어도 좋다. 나무들은 겨울을 기다려 또 하나의 나이테를 목간 속에 새긴다. 목리문은 그렇게 새겨진 나무 자신의 역사다. 혼신의 힘을 다해 꽃봉오리를 피우고 그리고 떨어진 잎들을 땅에 묻고서야 비로소 또 한 줄의 무늬가 각인되는 것이다. 최선을 다해 성실히 살아온 삶은 그래서 장하고 대견스럽다.

　보다 값지고 아름다운 삶은 나를 뛰어넘어 가족과 이웃, 공동체의 행복과 연결된 어느 지점에서 자라는 착한 나무와 같다. 그들에게 아낌없이 산소를 나누어 주고 시원한 그늘을 제공하며 나중엔 자기 몸까지 내어주는 나무의 모습에서 공동체의 희망을 본다. 나무들이 모여 숲을 이루듯 사람들도 공동체를 이루며 더불어 살아간다. 행여 공동체의 일원이면서 기여보다는 이용에 기울어진 삶을 영위하지는 않았는지 마음의 거울을 꺼내 비추어 보는 일도 괜찮을 듯하다.

공동체 중에서 가장 가깝고 기본이 되는 공동체는 아마도 가정이고 건강가정이 아닐까 싶다. 물처럼 공기처럼 소중한 것이지만 늘 함께 있기에 도외시하기 일쑤였던 마음의 고향. 그래서인지 '가정이 건강해야 사회가 건강합니다.'란 글귀가 자못 실감나게 다가오는 것 같다. 흔히 듣는 가화만사성(家和萬事成)이란 옛말이 각별한 느낌으로 마음을 적신다. 그저 홍보용 구호로만 간과했던 일상의 금언들이 실은 나의 존재를 빛나게 하는 것들이었음을 다시금 깨닫는다. 굳이 입증할 것도 없이 우리는 가화의 가치와 소중함을 경험적으로 알고 있다. 수신제가를 이루지 못하면 치국평천하는 어림없는 일이라는 것도 이해하고 있다.

그런데 가정의 화목이란 것이 저절로 또는 쉽게 이루어지는 것이 아니라는 것. 그리고 그냥 회피할 수만도 없는 문제라는 사실에 직면하게 된다. 하기야 운 좋게도 천생연분을 만나 순풍에 돛 단 듯 아무 문제없이 다복하게 살아가는 가족도 없지는 않을 것이다.

하지만 대부분의 가정은 그렇지 못하다. 예상을 뛰어넘는 이혼율이 이를 반증하고 있지 않은가. 그렇다면 이렇게 만만치 않은 가정화목을 이루어 낼 방도는 없는 것일까. 설령 그것을 알아내었다 하더라도 실천의 문제는 다른 차원에서 여전히 남는다. 그래도 지행합일의 이치를 믿고 나에게 맞는 솔루션을 찾아 이를 실천하려는 노력은 가치 있는 일이 아닐 수 없다.

가정화목을 얘기할 때 부부간의 금실을 빼놓고 논할 수는 없을 것이다. 탈무드 경전에도 세상 무엇과도 바꿀 수 없는 것이 늙은 마누라란 말이 나온다. 뭐니 뭐니 해도 조강지처가 제일이란 말이다. 부부관계는 자식 잘 키우는데도 결정적으로 작용한다. 단란한 부모 밑에서 자란 아이들은 자존감이 높아 어떤 어려움도 잘 헤쳐 나간다는 조사결과도 있다.

　한편 가난이 창문으로 들어오면 애정은 방문으로 나간다는 속담의 진실도 간과해서는 안 된다. 경제적 요인은 결코 무시할 수 없는 문제 상황이 될 수 있기 때문이다. 이런 것들을 염두에 두면서 건강가정 실천을 위한 담론을 정중한 모드로 제시해 보고자 한다.

　진부한 얘기 같지만, 깊은 신뢰와 존중 속에서 사랑이 싹트고, 단란한 '건강가정의 일화'가 피어난다는 사실을 강조하고 싶다. 존중한다는 것은 오만과 편견을 멀리하고 상대를 내 몸같이 귀한 존재로 인정하고 배려하는 태도일 것이다. 여기에서 대화와 소통은 중요한 대목이다. 가급적 정겹고 고운 말, 긍정적인 언어를 많이 사용하도록 노력하자. '아냐 아냐'라는 부정적인 말투보다 '오냐 오냐' 하는 긍정적인 말투가 훨씬 바람직하다.

　또한 많이 사랑하고 많이 참고 많이 감사하는 부부가 되자. 사랑은 본질적으로 참고 견디는 것이며 서로의 차이와 다름을 이해하는 가운데 차이점을 조금씩 좁혀나가는 인내의 과정이다. 지나친 욕심을 내는 것을 참고, 쉽게 분노하고 화내는 것을 참고, 일시적 어려움과 시련을 함께 견뎌내는 것이 사랑의 진면목이다.

그런데 그냥 참고 견디는 것이 아니라, 한 발 더 나아가 길게 참고 오래 견디는 것이 포인트임을 명심하자. 그 쓰디 쓴 인내의 열매 위에 온유하고 감사하는 마음을 내는 것이 참사랑 아닐까. 문제는 실천이다. 답은 이미 모두 알고 있으며 전혀 새로운 담론이 아니다. 정답도 역시 실천에 있는 것이다.

〈2017. 12. 8.〉

이 책을 읽어 주신 독자 여러분께 감사를 드린다.

시흥자치신문에 자치칼럼을 오래 쓸 수 있었던 이유와 동기를 생각해 본다. 무엇보다 '지역언론이 살아야 지역이 산다'는 평범한 명제를 비범하게 받아들이고 언론 현장에서 그 일익을 담당하고자 나름 노력했던 덕분이 아닐까 싶다.

지역의 잠재된 이슈를 좇아 뉴스를 발굴하고 시민의 의견을 폭넓게 들으며 정론직필의 자세로 이를 자치칼럼에 반영하는 일을 일상의 제일의로 삼았다. 지역신문의 저조한 구독률에도 불구하고 단 몇 명만이라도 본 칼럼을 읽는 독자가 있다면 그들을 위해 기꺼이 펜을 잡겠다는 결기 어린 사명감이 필자의 뇌리를 지배했다. 기회 되는대로 지면을 통하여 건전한 풀뿌리 지방언론의 존재야말로 진정한 자치발전의 필요조건임을 강조했다.

한편, '행동하는 지성'을 저널이란 장르를 빌어 겸허히 실천하고자 했다. 침묵하는 다수(silent majority)를 향해 의식 있는 물음을 던지는 등 일명 경인의 울림을 위해 둔필을 연마했다. 그것은 한마디로 공공성과 다양성에 터 잡은 시민의식의 회복에 관한 것이다.

성숙한 시민사회로 나아가기 위해 반드시 갖추어야 할 자치시민의 혁신 비전으로 공공성과 다양성을 역설했다. 신문은 미래를 밝히는 사회의 등불로서 선견지명을 발휘하고 길을 여는 역할의 선두에 서 있다. 과연 풀뿌리 지방언론은 지방자치 발전의 성취요건이며 지방자치는 건강한 풀뿌리인 지방언론과 함께 성장하는 나무와 같다.

아무쪼록 풀뿌리 언론과 푸른 자치나무가 협력 상생하여 시민의 관심과 사랑 속에서 우리나라 지방자치의 명실상부한 발전이 달성되기를 빌어마지 않는다.

"그래도 늘 감사하고 더 사랑하라."

2018년 6월

동암 최영철